ふだんの洋食

レシピを見ないで作れるようになりましょう。

有元葉子

はじめに

洋食こそ、レシピを見ないほうがうまくいきます。

この本で紹介するのは、家の洋食です。

「今晩、何にしようかな」と考えたとき、「昨日は煮魚とおひたしだったから、今日はクリームシチューにしよう」と思う、そんな〝ふだんのおかず〟としての洋食です。

特別な日のごちそうでなくても、洋食となると「作るのが大変」というイメージがありませんか？　それはきっと、レシピを見て一生懸命に作ったことがあるからです。

材料をきちんと計量したり、1、2、3……の順番を間違えないように気をつけたり。不慣れな料理だからこそ、レシピと首っぴきで作ろうとするのは当たり前のことです。

私もかつてはそれをしていました。私の母は料理上手でしたが、洋食はいっさい作らず、生まれ育った家では洋食が食卓に出ることはありませんでした。ですから自分が家庭を持ったときに、初めて洋食を作ってみようと思ったのです。子どもたちを喜ばせたくて。

料理本を読んだり、雑誌の料理記事を見たり、習いに行ったこともあったかもしれません（何しろずいぶん前のことで忘れてしまいました）。最初はそうやって、自分なりに情報を集めて洋食を作っていた。ところが、どうもおいしく感じられなかったのです。

どうしたら、もっとおいしくなるのだろう？
どうしたら、もっとラクに作れるのだろう？
そう思い続け、考え続けながら、料理をしてきました。

「どうしてハンバーグの肉がパサつくんだろう？」「どうしてホワイトソースにダマができるんだろう？」、そんなふうに思うことは大事です。「なぜ？」と考え続けることで、疑問や謎に対する答えが、おのずと見つかっていきました。

たとえば、あるとき玉ねぎのみじん切りを先に炒めたところへ粉を入れて牛乳を加えてみたら、ホワイトソースにダマができなかった。小麦粉と牛乳が混じり合わずに固まってしまうのがダマですが、玉ねぎという固形物が入ると、粉が玉ねぎにまとわりつく。それであとから加える牛乳に粉がじわじわと溶け出すので、ダマになりにくいのです。

こんなふうに自分で発見することもあれば、よそからヒントをいただくこともありました。詳しくは本の中に書きましたが、ハンバーグのおいしい店があると聞いて飛んでいき、本当においしかったので、何回も店に通ってカウンターの前に座り、料理人の一挙手一投足を観察しました。それで、自分で作るハンバーグがどうしてパサつくのかがわかりました。もちろん、どうすれば肉がふっくらとジューシーに焼き上がるのかも。

本書でご紹介するのは、世間一般の洋食や、海外の本場の料理とはだいぶ違うものです。

家で作りやすくて、失敗がないこと。
自分や家族が食べて、本当においしいと感じること。

何度も繰り返し作ってたどり着いた、私にとってかけがえのない料理の作り方なのです。

ご紹介するのは、レシピではありません。「作り方の流れ」です。作り方の流れさえつかめば、家の洋食はとても簡単。あまりにラクにおいしくできるから、市販のルーやソースに頼る意味すらわからなくなるでしょう。

次の3つを心がけてください。

1 料理の「作り方の流れ」をつかむ

洋食は「作り方の流れ」に尽きます。これさえ頭に入ってしまえば、あとは鍋の中と相談しながら気楽に作れます。この本を再び開かなくても作れるようになります。

2 ゆっくりじっくり火を通す

チャチャッと手早く作ろうとしないこと。野菜ひとつでも、ゆっくりじっくり火を通す――これが洋食なのです。ゆっくりじっくり火を通すことで、素材のうまみを引き出す料理と言えるかもしれません。

その最たるものが、ビーフシチューなどの煮込み。何時間も弱火で煮込みますが、でも、たまに混ぜるくらいで、あとは放っておけばいいわけです。人間がやることは、ほんの少し。時間が作ってくれるので、「時短」よりもむしろ「時長」料理のほうが、ずっとラクなことを実感するはずです。

3　フライパン、オーブンを使いこなす

いつも何気なく使っているキッチンの道具。洋食を作るときは、これらとしっかり向き合う必要があります。道具ともっと仲良くなることです。

フライパンの隅々まで温まっているか、オーブンは適温になっているか。そもそも適温とは？ということまで含めて、おいしい洋食を作ること＝持っている道具を使いこなすことでもあります。

はっきり言って、洋食は簡単です。難しいことをしなければいいのです。難しいことをしなくても、とびきりおいしい料理ができます。

洋食はフライパンひとつ、鍋ひとつで作れるものばかり。材料も手順も「これでなけれ

ば絶対にだめ」という縛りが少なく、調味料の量も「お好みで」といった具合です。つまりそのぐらい、ストライクゾーンが広いのです。

お好きなものから作ってみてください。「こんなに簡単だったんだ！」と思うはず。グラタンもパエリアも「作り方の流れ」さえ覚えてしまえば、「今度は魚介で作ってみよう」「そら豆やアスパラを入れてみよう」とアイデアが次々に湧いてきます。

そして、それをしても失敗しないのが、これからご紹介する「家の洋食」です。要するに懐が深いのです。

ぜひ、洋食を自分のものにしてください。毎日のごはんが、今よりもっと豊かで楽しくなります。

有元葉子

ふだんの洋食　レシピを見ないで作れるようになりましょう。　目次

［レシピ以前のスープのはなし］

みんなが喜ぶ洋食

お米の洋風料理

［レシピ以前の道具のはなし］

サンドイッチ

量らずに作るおやつ

フライパン焼き

目玉焼き

21ページ

スクランブルエッグ

24ページ

オムレツ

27ページ

かぶのフライパン焼き

32ページ

鮭のフライパン焼き

36ページ

豚肉の粒マスタード焼き

40ページ

芯まで温まったフライパンの熱で
じわじわと火を通す。
上手に焼けば、
卵ひとつでもごちそう。

目玉焼きから始めましょう

黄身はギリギリに火が入った半熟で、フォークでつつけばタラリと黄身があふれだす。白身はプクンとふくらんでしっかり火が通り、まわりは香ばしくカリカリに焼けている――。私の好きな目玉焼きはこんな様子です。

目玉焼きはだれにでも作れるものですが、うちで食べた方に「こんなにおいしいものだったんですね！」と驚かれることがよくあります。ですから、この本は目玉焼きから始めることにしましょう。

目玉焼きは、洋食の〝基本中の基本〟と言えるかもしれません。フライパンとの付き合い方が物を言うからです。

まず、フライパン（鉄製）をから焼きします。目玉焼きに限らずどんな料理もそうですが、充分にから焼きして温めないと、鉄のフライパンはくっつくのです。このとき、強い火にかけるのは間違い。それでは表面だけが熱くなってしまう。中火弱ぐらいの火加減で、最低でも2～3分かけてじっくりとから焼きし、芯の中まで温めます。フライパンをガス火の上で動かして、端のほうまでしっかり温めます。

煙がうっすら上がるほど充分に熱したら、鍋底に流れるくらいの油をひきます。目玉焼きを焼くときはオリーブオイルがおすすめです。オリーブオイルで焼くと、白身

Q　目玉焼きを焼くとき、ふたはしなくてもいいのですか？

A　お好みです。ふたをして焼くと、黄身に白い膜ができますが、私はそれが好きではないのでふたをしないで焼きます。

Q　一度にたくさん焼きたいときは？

A　普通のガス火ならば、せいぜい2個まで。目玉焼きは火加減が大事なので、それ以上になると上手に焼くのが難しい。ただし、コンロのガス火が二重になっていて、さらにガス火の面積が広ければ、大きなフライパンで何個も焼くことができます。あるいはホットプレートのような、全面を均一に温められる道具ならば、一度に4つぐらい作れます。

の端がカリカリの理想的な目玉焼きができるのです。オイルの量は多すぎず、少なすぎず。卵を入れると、ちょっとパチパチとはねるぐらいの量です。

オイルを入れたら火を弱めて、卵を低い位置からゆっくり割り入れます。スローモーションのようにゆっくりと。殻を少し割って指を入れ、白身が少しずつ落ちるにまかせ、1、2、3ぐらい数えたところで殻をパカッと割って黄身を落とします。先に落ちた白身が丸く広がって、なんとなく火が入ってきたかな、というタイミングで白身の上に黄身を落とす。こうすると、黄身が真ん中にくる目玉焼きができるわけです。

中火より弱めの火にかけていると、白身のまわりがこんがりしてきて、オイルで揚がっているような感じになります。それから黄身の色がだんだん濃くなり、黄身に火が入ってくる。どのくらい火を通すかはお好みです。私は白身のまわりはカリカリで、黄身は少し火が通って、中からタラリと流れるぐらいの半熟が好き。フライパンの中をよく見ていて、そのぐらいになったら塩、こしょうしてお皿にあけます。

こうして焼いた目玉焼きを玄米ご飯にのせて、しょうゆを少しかけて食べるのは朝ごはんの幸せです（この場合は塩はなし）。もちろんパンにもよし。トマトご飯（136ページ）にのせても。

目玉焼き作りの所要時間は、フライパンを熱するところを含めても5分程度。ぜひ、「目玉焼きのおいしさを知っている人」になってください。

目玉焼きは
中火よりも弱い火で
「じっくり焼く」感覚です。

Q「自分が対応できる火加減」は、どうすればわかりますか？
A 自分があわてないで、上手にできる火加減は体得するしかありません。何度もやるうちに、わかってくるものです。

スクランブルエッグはゆっくり作る

スクランブルエッグはオムレツと違って、形を整えなくてもよい分、気軽に作れる料理です。洋風の炒り卵のようなもので、卵をバターの香りで包み込むようにして、ふんわりと焼くのです。おいしいバターたっぷりで作って、トーストの上にバターの代わりにのせて食べると、とても豊かな気持ちになれます。

スクランブルエッグは、小さいフライパンで作ってください。小さければガス火から上げたり下ろしたり、傾けたり動かしたりしやすいからです。私にとって扱いやすいのは、直径18センチのフライパン。小さいと自分の手の一部のように、自在に動かすことができます。

それから大事なのは、よく温まったフライパンで強くない火でゆっくり作ること。卵は火の通りが早いので、強い火だとあわててしまって上手に作れないことも。自分が対応できる火加減で、ゆっくり作ればいいのです。

一度に作る量は、卵2個か3個分。ボウルに割り入れて箸で溶きます。黄身と白身をすっかり溶き混ぜてしまわないほうが私は好きですが、これはお好みです。塩（粒子の細かい塩がいいです）をパラパラと少し加えて混ぜます。ここで味をつけすぎず、できあがりのお皿の上で塩をふるほうがおいしいです。

Q　バターは無塩バターですか?
A　お好みです。私はおいしい有塩バター（箱入りのカルピスバターなど）を使います。

バターの泡と卵が溶け合って

フライパン（鉄製）をから焼きして温めます。目玉焼きと同じく、あまり強すぎない火で最低でも2～3分かけて、鉄の芯までよく温めます。

オリーブオイル少々をひき、バター大さじ1杯ぐらいを落とします。火を弱めて、フライパンを少し持ち上げて火から離し、ジュクジュクとおいしそうにバターを溶かします。バターがキメ細かく泡立つように溶けるのが理想です。フライパンが熱すぎると、すぐに焦げてしまいます。弱い火でゆっくりとバターを溶かすようにします。

ボウルの卵液をまわし入れます。バターのかたまりがまだ少し残っている状態で卵を入れても大丈夫。火を少しだけ強くして、卵を箸でかき混ぜます。早くかき混ぜるときめ細かく仕上がり、ゆっくりかき混ぜると、ふんわり波打つように仕上がります。

卵のまわりがフワフワとしてきたら、フライパンを傾けたり、箸で動かしたりして、まだ生の卵液をまわりに流すようにして、まんべんなく火を通します。こまめに火加減して、卵のまわりが常にフワフワとしてくるぐらいの熱量で火を通すのがいいです。

トロトロとした半熟に近い状態だけれど、卵がだいたい固まったところで、バター大さじ1ぐらいを真ん中に落とします。このバターが溶け始めれば食べ頃。お皿に移して、好みで塩、こしょうをふっていただきます。

スクランブルエッグは
バターが決め手。
バターは火を通しすぎないほうが、
ふわっと風味が立つ。
最後に加える理由もそこにあります。

Q　卵を5個も使うのですか?
A　少なくとも5個使います。食べる人数や、フライパンや中華鍋のサイズによって、7～8個使うこともあります。ちなみにこの大きなオムレツは中華鍋で作るのもおすすめ。底が丸いのできれいに作りやすいです。

みんなが好きな大きなオムレツ

子どもたちが小さい頃、よく作ったのが大きなオムレツです。オムレツと言っても、ホテルの朝食のようなオムレツとは作り方も見た目も違います。うちで「大きなオムレツ」と呼んでいるのは、卵を5個以上使って作る、具の入ったオムレツ。大きな半月形に作ったのを、取り分けて食べるのです。山盛りのせん切りキャベツを添えて、好きな「薬膳ソース」をかけて。洋風の味ですが、これは白いご飯によく合うおかず。みんなが大好きな味です。

できたてを食べるのがおいしく、大きなフライパンいっぱいに広げて作りますので、盛りつける大きなお皿を用意してから作ってください。

卵は5～8個ぐらい。溶きほぐして、塩を少しだけパラパラと混ぜます。

具はなんでもいいのですが、うちでいちばんの人気はひき肉と玉ねぎ。ひき肉は牛か合いびきを使います。卵5個に対して100グラムでも200グラムでも。玉ねぎは大½～1個ぐらい。玉ねぎがおいしいので肉と同じぐらい入れます。ザクザクと大きめのみじん切り。あまり小さくしないで、玉ねぎの存在感があったほうがいいです。

Q　中に入れる具は冷めても大丈夫ですか？
A　中身もあったかいほうがおいしいです。できれば、あまり時間をおかないほうがいい。ちなみに玉ねぎとひき肉の具は、多く作りすぎたら、これだけをご飯にのせて食べたり、チャーハンや炒め物にも使えます。

Q　油はオリーブオイルでなくてもいいですか？
A　お好きなオイルを使ってください。オイルだけでもいいし、オイルとバターを合わせても。

外は焼き色、中はトロリを目指して

材料を揃えたら、作り始めましょう。
最初に玉ねぎと肉をオイルで炒めて、軽く塩、こしょうしたものを作っておきます。玉ねぎの甘みが出るぐらいに、わりとしっかりと炒めます。塩を控えめにして、しょうゆを少したらしてもおいしいです。

オムレツは直径26センチ、あるいはそれ以上大きなフライパン（鉄製）で焼きます。中華鍋でも作りやすく、おすすめです（その場合は卵の量を増やしても）。いずれも中ぐらいの火でから焼きして、鍋をよく温めます。煙がうっすらと立つほどに鍋が温まったら、オリーブオイルをひきます。オイルはたっぷりと、鍋肌全体にしっかり行き渡るぐらいです。

卵をざっくり溶いて、中火強ぐらいの火加減にし、卵を一気に入れます。フライパンを傾けて、卵液がなるべく均一に全体に広がるようにします。フライパンの縁ギリギリまで、卵が広がっている状態です。すぐにポコ、ポコと卵がふくらんでくるので、そこを箸でこまめにつついて、空いた穴にまだ火の通っていない生の卵液を流し込む。フライパンをガス火の上で移動させて、焼きたい部分の下に火がくるようにしながら、箸でつつきながら卵液全体に火が入るようにします。

Q　大きなオムレツはオムライスの皮にもなりますか？
A　もちろん。トマトご飯（136ページ）などを入れて包んでも。かなりボリュームのある卵の皮ですから、ボリューム満点のオムライスになります。

まわりは火が通ってきたけれど、真ん中のほうはまだ卵がトロッとした半熟の状態で、炒めておいた玉ねぎと肉を真ん中にドン、とのせます。余熱で火が通ることを想定して、早めに具をのせるのです。のせたらヘラでパカッと半分に折り、ヘラを使ってお皿にあければできあがり。

このオムレツは強めの火で、サッと作る感覚です。弱い火で時間をかけて焼くと、卵が固くなってしまいますので。

おいしそうな焼き色がついてふっくらとした、半月形の大きな黄色いオムレツ。取り分けるときに割ると、中の卵は半熟に近いトロリとしたやわらかさで、甘い玉ねぎや肉がたくさん入っている。だから、子どもも大人もみんなが喜びます。

子どもたちが巣立っていった今も、スタッフとごはんを食べるときに、卵と玉ねぎがあれば「大きなオムレツを作りましょうか」という話になって。ひき肉でなくても、ザク切りにした薄切り肉でも、ベーコンでもソーセージでも、具はなんでもいいのです。そのときにある材料で、手軽に作れるのがいいところ。「こうでなければいけない」がない、家庭料理のやさしいおいしさです。

オムレツは
まだトロトロの半熟のところへ
具をのせて包む。
余熱でちょうどよくなります。

野菜のフライパン焼き

Q　野菜はバターで焼いてもいいですか？

A　バターで焼いてもおいしいです。その場合、バターは最初に焼くときには使わず、オイルで野菜を焼いてから、焼き上がりにバターを加えます。そのほうがバターの香りが引き立ちます。

じゃがいものフライパン焼き

とにかく早い、野菜のフライパン焼き

フライパンは便利な道具。肉でも魚でも野菜でも、フライパンで焼くだけで手早くおいしく食べられます。でも、「フライパンで焼く」ことを、じつはみなさんはあまりなさっていない気がします。「炒める」ではなく「焼く」です。高温の火でガーッとせわしなく混ぜて炒めるのではなく、やさしい火加減でフタはせずにジワジワと焼いて、素材のうまみを引き出すのが〝フライパン焼き〟です。

から焼きして充分に温めた鉄のフライパンに、オイルを少しひいて、肉や魚や野菜をのせます。あまり強くない火で、触らずにジンワリと焼き色がつくまで焼きます。片面が焼けたらひっくり返して、裏面も同様に焼き色がつくまで焼く。両面をこんがりと焼いたら、塩、こしょうをふって食べる。

フライパン焼きは、素材のおいしさをストレートに味わえる料理です。それに、なにしろ早い。たとえば、じゃがいもをすぐに食べたい、というとき。これはフライパン焼きがいちばん早いです。ゆでるのも蒸すのも、じゃがいもは時間がかかるけれど、フライパン焼きなら10分程度でおいしく食べられます。

じゃがいものフライパン焼きは、じゃがいもを皮つきのまま、1センチぐらいの厚さの輪切りにします。1センチがベストです。これが1.5センチになると、不思議となかなか火が入らないのです。

鉄のフライパンを中火弱ぐらいの火にかけて、充分に温めます。オイルを少しひき、切り口を下にしてじゃがいもを並べます。弱めの火でジワジワと焼きます。触らず、ジワジワと焼いて、焼き色がついたらひっくり返し、裏面も同じように焼きます。竹串を真ん中に刺して、スッと入ればできあがり。これだけです。すごく簡単。

焼いている間は塩をふらず、焼きあがったらお皿の上で、塩、こしょうをふって食べます。バターをまぶしてもいいし、しょうゆをたらしても。お味はお好きにどうぞ。

かぶを焼きましょう

かぶのフライパン焼きもおいしいです。かぶはやはり皮つきのまま（野菜のフライパン焼きは皮つきが香ばしくておすすめです）、1センチ厚さの輪切りにします。かぶはやわらかいので1.5センチぐらいでも大丈夫ですが、それより厚いと火が通りにくいです。

よく温めたフライパンにオイルをひきます。フライパン焼きのときは、最初にひくオイルは「くっつかない」程度に。足りなければ、焼いている途中であとからオイルを足します。

かぶの切り口を下にして並べたら、弱めの火でジワジワと焼きます。火の強さは、

かぶのフライパン焼き

Q　新じゃがで作ったのですが、なかなか火が通りません。
A　じっくり火を通せば大丈夫。新じゃがは少しさっくりとした感じに仕上がります。キタアカリや男爵などのひねたじゃがいもなら、ほっくりとした焼き上がりに。いもの品種によっても食感が違います。

フライパンの中の様子で決めてください。チリチリと静かな音で野菜が焼けている感じがいいです。いい匂いもしてきます。

おいしそうな焼き色がついたら、ひっくり返して焼きます。両面がいい焼き色になればだいたい火は通っていますが、最終的な焼け具合は竹串を刺して確かめます。スッとラクに串が通ればオーケーです。

かぶはぜひ、葉も一緒に焼いて食べましょう。そうすれば残すところがなく、ビタミンも摂れます。葉や茎を適当な長さに切って、かぶを焼いたあとのフライパンでサッと焼く。あるいはかぶを焼くときにフライパンの空いているところへ、葉や茎も一緒にのせて焼きます。葉や茎もちょっと焦げ目がつくぐらいに焼くとおいしい。

お皿に移して、塩、こしょうをふります。もしあればフレッシュなタイムやセージなどのハーブの香りを添えても。あるいは、かつお節としょうゆで食べてもいいですし、カレー粉をまぶしてもいいし、味つけは自由です。

フライパン焼きはいろいろな野菜で作れます。さつまいも、れんこん、にんじん、かぼちゃ、長芋、ズッキーニ……。時間がかかりそうなイメージの野菜を「今すぐ食べたい」というときに、フライパン焼きは本当におすすめです。

かぶ、れんこん、にんじんなど数種類の野菜をフライパン焼きにして、お皿に盛り合わせれば、ワインにも合う素敵な前菜になります。

フライパンの上で、
チリチリと静かな音がする火加減で
野菜をじっくり焼いてみてください。
すこぶるおいしいです。

あじのフライパン焼き
いわしのフライパン焼き

切り身魚をフライパンで焼く

魚も、フライパンで焼くのはやさしいです。焼き方は、野菜のフライパン焼きと同じ。あじやいわしのフライパン焼きは、サラダと一緒に食べたり、レモンを搾って食べたり、サンドイッチにしたり、いろいろに楽しめます。

たとえばあじなら、三枚おろしにしたものに、うっすらと小麦粉をまぶして焼くのがおいしい。

青背魚のフライパン焼きを作りましょう。

鉄のフライパンを中火弱の火でよく温めます。あじに粉をまぶし、粉をつけたら必ずよくはたいて余分な粉を落とします。フライパンが充分に温まったらオイルをひき、あじを皮目を下にして入れます。あまり強くない火加減で、触らずにジワジワと焼きましょう。魚を少し持ち上げてみて、こんがりと焼き色がついていたら、ひっくり返して同じように焼きます。これで完成。ほとんど、することがありません。

こうしてフライパンで焼いた青背魚は、粗塩をふったり、ビネガーをかけて食べたり。もちろん、大根おろしとしょうゆで食べてもよし。和にも洋にもエスニックにも食べられるのがいいのです。

魚のフライパン焼きは玄米ご飯とも相性よし。ルッコラなどの生の野菜と一緒に、

Q　魚は粉をつけずにフライパンで焼いてもいいですか?
A　粉をつける、つけないはお好みです。粉をつけるとカリッと仕上がり、粉が油(オイルやバター)を吸うので、ボリューム感が出ます。粉をつけなければ、より焦げつきにくく、さっぱりとした焼き上がりになります。

鮭のフライパン焼き

フライパンで焼いた魚と玄米ご飯をワンプレートにすれば、栄養バランスもよく、目先の変わった楽しい一食になります。

　また、私はよく、余ったあじやいわしの三枚おろしに塩をふって、ラップをかけずに冷蔵庫に一晩おいて、軽い干物状態にしておきます。こうして干物風にした魚も、粉をつけてフライパン焼きにすれば洋風のおかずになります。おすすめです。

厚切りの鮭をふっくらと焼く

　厚切りの生鮭も、フライパンでふっくらとおいしく焼けます。

ところがフライパンで焼くと、「はがれる」「くっつく」という声がすごく多い。確かに鮭は張り付きやすい魚です。でも、芯まで温めた鉄のフライパンで焼けば、そういうことはないはずです。きちんと洗って充分に温めたフライパンであれば、たとえ魚をヘラで押しつけても、何をしても、張り付きません。これは私の実感です。

　鮭のフライパン焼きを作りましょう。

　鮭はペラペラの薄いものではなく、厚みのあるものを求めてください。そのほうがおいしくできます。厚みのある魚は焼きにくいと感じたら、厚みはそのままで、1切れを半分（あるいは3〜4等分でも）の長さに切って焼けばよいのです。これだと火の通りも早いし、より魚を扱いやすくなり、箸で取りやすいです。

鮭は粉をまぶさずに焼いて、仕上げにバターを加えて食べるのもおいしいです。

焼いている間はほかのことをします

生鮭は全面に軽く塩をふり、10〜20分おいてから焼きます。

充分に温めた鉄のフライパンにオイルをひいて、鮭を皮のついたほうを下にして並べます。じりじりと静かに焼ける音がする火加減で、ゆっくり焼きます。

弱めの火で、時間をかけて焼くことです。私は焼いている間に、火の前から離れてほかのことをしていたりすることも。それぐらいの気持ちで焼くほうがうまくいきます。ガス火の前でつきっきりで、「早く焼けないかな」と魚をいじっているから、身が崩れてしまうのです。

そして、焼けないうちは動かさないこと。箸やヘラで鮭を動かそうとしたときに動かなければ、まだ焼けていないということです。焼ければ自然に、フライパンから魚がはがれる。焼けていないうちに無理に動かそうとすると、魚がフライパンにくっついて、身や皮がはがれやすくなります。

魚が中のほうまで焼けないのが心配で、フライパンにふたをして焼くという人もいるようですが、ふたをすると蒸し焼き状態になります。魚、とくに鮭は皮をカリカリに焼きたいでしょう。それにはふたをしないこと。ふたをしなくても、強くない火で

Q　鮭のフライパン焼きはほかの味つけでもいいですか?
A　もちろん。和風にしても。鮭を焼いて、フライパンの中の油を拭き取ったら、酒とみりんを加えて煮立てます。アルコール分が飛んだらしょうゆを加え、鮭をもう一度ひっくり返して味をからめれば、おいしい照り焼きのできあがり。みりんの代わりに、しょうゆと一緒にメープルシロップを加えてもいいです。

ゆっくりと焼けば、必ず中まで火が通ります。ふたをせずに魚の水分をほどよく飛ばしながら、ゆっくり焼くことで、身がふっくらと仕上がるのです。

フライパン焼きで魚をひっくり返すタイミングは、身の半分ぐらいまで白くなってきた頃。ちょっとめくってみましょう。魚が難なく持ち上がれば、火が通っています。めくりにくければ、まだ充分に焼けていないので、もうちょっとおいておけばいいわけです。焼いていてオイルが足りないと感じたら、魚が持ち上がるようになったタイミングで、オイルを下に流し入れます。

ゆっくりと焼いた鮭をヘラで返して見ると……すでに皮がカリッカリでおいしそう! 鮭の皮が苦手な人でも、こうしてしっかり焼くと食べてくれます。鮭の身の薄い部分は、火の当たりが悪いので、ヘラなどで押さえつけて焼きます。

片面をよく焼き上げた鮭は、もうほとんど火が通っていますから、裏面は軽く焼く程度で大丈夫。身がふっくらと盛り上がっていますよね。おいしく焼けている証拠です。

火を止めて、フライパンの余分な油をペーパーで拭き取り、バターを多めに(鮭4切れに対して大さじ2ぐらい)加えます。皮の部分にバターをよく塗ってあげましょう。器に盛って、塩をふり、レモンを搾っていただきます。シンプルですが、最高のごちそうです。上手に焼いて、ぜひこの味を体験してください。

魚は無理に動かさない。
火が通れば、
自然にフライパンからはがれます。

マスタード焼きを覚えると便利です

魚や肉のフライパン料理として、マスタード焼きはおすすめです。とても簡単なのに手が込んでいるように見える料理で、ご飯にもパンにも合います。そして何よりおいしい。

フライパン焼きにした魚や肉を、粒マスタード（練りがらしでもいいです）とビネガーで味つけするのですが、辛くありません。酢と熱の力で辛みが飛んで、マスタードのおいしい香りだけがつく。火にかけるので、お酢の酸味も飛んで、酸っぱくもありません。子どもも食べられる。実際、うちの子どもたちが小さい頃によく作っていました。

いわしでもあじでも白身魚でも、鶏肉（もも、むね肉）でも、豚肉（肩ロース、ヒレなど）でも作り方は一緒です。どれもおいしいです。魚なら三枚におろし、切り身なら食べやすい大きさに切ります。

豚肉の粒マスタード焼きを作りましょう。肉はしょうが焼きにするぐらいの厚みがいいです。軽く塩をふっておきます。

鉄のフライパンを中火弱の火で熱して、充分に温まったらオイルをひき、肉を中火弱の火で触らずにじっくり焼きます。焼き色がついたら裏返し、両面にほとんど火が入ったところで、粒マスタードを加えます。肉4~5切れに大さじ山盛り1杯くらい（魚1切れに大さじ1杯ぐらい）のせます。わりと多めです。

すぐにビネガー（ワインビネガーや米酢）をまわしかけます。たらり、とひとまわし。マスタードが溶けてソースになるぐらいの量です。

ジュワーッと鍋中が沸きます。魚や肉を返して、鍋中のソースの味をからめます。水分がほとんどなくなれば完成です。

マリネした肉や魚でマスタード焼きを

豚肉でも鶏肉でもいわしでも、オリーブオイル、塩、こしょう、ローズマリーやタイムなどのハーブをまぶして、冷蔵庫でマリネしておくと日持ちがします。こうしてマリネした素材を、マスタード焼きにしてもおいしいです。

すでにオイルがついているので、から焼きしたフライパンにオイルはひかずに、マリネした肉や魚を並べて焼きます。普通のフライパン焼きと同じ要領で、両面を中火弱の火でじっくり焼きます。これに、マスタードとビネガーを加えて味をからめるだけ。あっという間にできるおかずです。

マスタード焼きで大事なのは、焼いたらすぐに食べること。お腹をすかせたご家族に、ぜひ食べさせてあげてください。

Q　おすすめの付け合わせは？

A　生野菜のサラダはもちろん、マスタード焼きには玉ねぎがよく合います。みじん切りにした玉ねぎをたっぷりかけて。また、皮つきのまましし形に切った玉ねぎを250度のオーブンで焼いて添えても。食べるときに皮は取ります。

〔レシピ以前の道具のはなし〕

フライパンの使い方

知っているようでじつは知らない、
鉄のフライパンの使い方。
はじめの一歩から、しっかり覚えましょう。
料理のできあがりに差が出ます。

フライパンの洗い方

Q
鉄のフライパンは苦手です。くっつくし、炒めているときに、細かい焦げのようなものが出てきます。

A
フライパンが汚れているからです。きれいに洗えていないのです。

鉄のフライパンがくっつく理由は、フライパンが汚れているから、という場合が多いです。

調理にかかる前に、フライパンがきれいな状態であること。まずはここが肝心です。よく洗って汚れをすべて落としておくのです。フライパンに前回使ったときの焦げつきが残ったままだと、から焼きしたときにいやな焦げ臭がするし、熱してから使っても、またそこにこびりついたり焦げたりして、せっかくの料理が汚れてしまう。

ですから手入れの方法を、まずはご紹介します。

フライパンを使ったあとは、タワシでよく洗います。洗剤は基本的に使いません。フライパンになじんだ油まで落としてしまうからです。

私はフライパンは外側の底から洗い始めます。中はいやでも洗うわけですから、あえて外側からです。外側の底↓外のサイド↓内側の順です。まずはお尻をきれいに、です。

シュロのタワシでよく洗い、それでも落ちない内側の焦げつきなどは、金属のタワシでしっかりこすって、こびりつきを徹底的に落とします。汚れは完全に落とすことです。でないと、またそれが焦げつきの原因になる。

焦げつきがひどければ、しばらく湯を張り、汚れがやわらぐまでおいてから、タワシで洗います。

タワシで汚れを落としたら、必ず手で触って確かめます。手の感覚がいちばん信頼できます。フライパンの内側も外側も、手で触って確かめてください。引っかかる、ざらっとしたところは、まだ汚れが残っています。その部分をさらによく磨きましょう。鍋肌がツルツルになって、なんの引っかかりもなければ、きれいに洗えています。

そこまでよく磨くことが大事です。

きれいに洗ったらガス火にかけて乾かします。熱いうちにサラダ油少々を引いて、ペーパータオルで拭いておきます。

フライパンの正しい熱し方

Q きれいに手入れしていても、鉄のフライパンはくっついてしまいます。

A はじめの熱し方が悪いと、くっつきます。

鉄のフライパンはから焼きして、温めてから使います。でも、熱くすればいいからといって、いきなりカンカンの強火にかけているとしたら、それは違います。

強火にかければ短時間で熱くなるように思いますが、それはフライパンの表面を熱くしているだけ。フライパンで焼く・炒めるという調理法は、充分に温まった鉄のフライパンの熱で、素材を包み込むようにして火を通すのです。フライパンでも中華鍋でも同じです。

鉄の厚みの芯のほうまで、充分に温まっていることが大事です。フライパンの隅々まで、全体が温まっていることが大事です。

そのためには、中火以下の火で、できれば5〜6分かけて静かに熱するのです。

要するに、お風呂と一緒です。熱いお湯にサッと浸かると、温まったようでいて、冷めるのが早いです。それが心地よい湯加減に長く浸かると、体がいつまでもポカポカしているでしょう？　フライパンもそんな状態にしてから使えばいいのです。

私は鉄のフライパンで調理をするときは、まず、フライパンを小さなガス火にかけておく。温めている間は、材料を切って揃えるなど、ほかのことをしています。そうしているうちに、うっすらと煙が上がるぐらいに、フライパンがほどよく温まります。

油のひき方

Q 油を多めに使ったほうがくっつきませんか？

A そうとも言えません。油は鍋肌になじむ程度の量がいいです。

フライパンを中火以下の火でよく温めたら、油をひきます。温まったフライパンへ油を入れると、サアーと油が広がります。芯まで温められていると、鉄が油を吸い込む感じ。そのぐらいにフライパンが温まっていることが大事です。

油の量は、まさに〝適量〟です。最初にひく油は、鍋全体に広がって、鍋肌になじむ程度がよいのです。フライパンの大きさにもよりますが、大さじ1/2ぐらいでしょうか。油が多すぎたら、ペーパーで拭き取りましょう。素材がくっついてしまう第一の原因は、フライパンの温め方が足りないこと。油の量よりも、フライパンがちゃんと温まっているかどうかが問題です。

油をひいたときに、あまりに煙が出るとしたら、フライパンを熱する火が強すぎたかもしれません。油は煙が出るほど熱しません。あくまでも、フライパンの熱で油が温まって鍋に広がり、鍋肌になじむ感覚です。

素材を焼いたり、炒めたりしているうちに、なんだか乾いたようになってきて「油が足りないな」と感じたら、途中で足します。最初から油を多くひかないで、途中で足す。そうすれば〝油ぎる〟ことはないのです。

フライパンの手入れ

Q 洗ったフライパンに油をひいて保管しますか？

A 油をなじませる程度です。

いつもちゃんと手入れしているなら、たまに油を塗らなくてもオーケーですが、基本的にフライパンは油をなじませた状態で保管します。

よく洗って水気を飛ばした熱いフライパンに、鍋肌に行き渡るぐらいの油をひいたら、火を止めて少しおいて油をなじませます。フライパンが冷めてしまわないうちに、ペーパーで油を拭き取ります。余分な油は鍋についていないほうがいいのです。

鉄のフライパンは、「から焼きする→油をひいて使う→洗う」の繰り返しで、表面に自然に油の膜ができていき、くっつきにくくなり、使いやすくなっていくものです。

ひどい焦げを作ってしまったような場合でも、フライパンを捨てたりしないでください。焦げや汚れを完全に落とした結果、油の膜や塗装まで落ちてしまって、カサカサの白っぽい状態になってしまったとしても、大丈夫です。はげてもいいのです。「から焼きする→油をひいて使う→洗う」をまた繰り返しているうちに、必ず再生されます。また、使いやすくなっていきます。少しムラが出ているけれど、よく手入れされているフライパンは、まさに「私のフライパン」。模様でだれのフライパンかわかります。

スープとシチュー

玉ねぎとベーコンのスープ

58ページ

クリームシチュー
60ページ

ロールキャベツ

66ページ

ビーフシチュー

71ページ

野菜から出るうまみ。
肉や魚から出るうまみ。
それで十二分においしい。
市販のスープやルーの
出る幕なしです。

初めてスープを作るとしたら

難しい、めんどう……とスープに対して思っているとしたら、それはもったいないことです。スープはとても簡単です。野菜でも鶏肉でもベーコンでもあさりでも、味の出るものを水から煮出せば、それがスープになるのです。

野菜からもよいだしが出ます。とくに玉ねぎやトマトといったうまみの強い野菜は、スープ向きです。

初めてスープを作るのであれば、玉ねぎとベーコンのスープをおすすめします。玉ねぎは薄切りでもザク切りでも半分に切るだけでも、お好きな切り方でいいです。ベーコンは少し入れるだけでもかまいません。細かく切ってもいいし、長いままでも。

鍋を温め、ベーコンを入れて炒めます。そこへ玉ねぎを加えて少し炒め、水を注いで、玉ねぎがトロンとなるまで静かな火で煮ます。コトコトよりもやさしい火加減です。最後に塩、こしょうで味をつけます。これでできあがり。

食べてみると……とてもおいしいでしょう？　顆粒や固形のスープとはまるで違う、体に染みるようなやさしいおいしさです。ここにじゃがいもを入れてもいいし、にんじんでもブロッコリーでもセロリでも好きな野菜を入れていいのです。スープは身近で簡単でお腹も満たされる、素敵な料理です。野菜不足も解消できます。

玉ねぎとベーコンのスープ

Q　ベーコンや玉ねぎは最初に必ず炒めますか？

A　お好みです。炒めると香りが立ち、コクが出ます。炒めないほうがあっさりとしたスープになります。ゆっくり煮出すだけで、体にじんわりと効いてくるスープができます。

Q　あさりの砂出しはどのようにしますか?
A　私はバットにあさりを並べて、海水程度の塩水をひたひたに入れ、ステンレスのプレートでフタをして、冷蔵庫に最低でも一晩おきます。

あさりのスープは静かに煮出す

あさりのスープも手軽でおいしい。これは季節が大事。春から夏にかけてのあさりは、殻の中いっぱいにふくらんだ身が入っていて、濃厚なとてもよいだしが出ます。ところが冬だと、同じあさりも殻ばかり大きくて、肝心の身が小さく縮こまっている。これではおいしいだしも出ないわけです。

春から夏にかけて、ぜひ、あさりのスープを作ってください。塩水に浸けて砂を吐かせたら、貝どうしをこすり合わせるようにして、よく洗います。あさりを鍋に入れてかぶるくらいの水を加え、ふたをして、中火弱ぐらいの火加減で静かに煮ます。

必ず水から静かに煮出すこと。強火でグラグラと沸騰させて煮ると、あさりの身が縮んでカスカスになってしまうのです。中火弱の程よい火加減で煮ることで、あさりが自分の水分を保ったまま、身もおいしい状態で、おいしいだしを出してくれます。

ほかに具を入れるときは、あさりの口が開かない段階で加えて大丈夫。ヘタを取ったミニトマトを丸ごと入れたり、じゃがいももあさりと合いますので加えたり。じゃがいもは食べやすく切って、サッと水で洗い、スープの鍋に最初から入れてください。

塩で味をととのえて、パセリのみじん切りをパッと散らすと、色がきれいで香りもいい。おいしいオリーブオイルをちょっとたらしてどうぞ。

だれでも失敗なしのクリームシチュー

子どもたちが小さい頃から、クリームシチューはよく作ってきました。うちのクリームシチューはとても簡単。小麦粉を使わないのです。肉や野菜を水から静かに煮ただけのサラサラのスープに、ミルクを入れて、最後に水溶きのコーンスターチでとろみをつける——。ホワイトソースやブールマニエを作る手間がなく、ダマもできず、この方法ならだれが作っても失敗なしです。

もちろん、市販のルーやブイヨンには頼りません。これらを入れると、どうしても〝その味〟になってしまう。野菜や肉やミルクの、せっかくの自然なおいしさが感じられなくなってしまうからです。肉と野菜から出るうまみで、シチューは充分においしくなります。

じつはついこの間も、クリームシチューを作ったばかり。私はクリームシチューをいろいろな具で作りますが、そのときは鶏肉とゴロゴロと大きく切ったにんじんを入れました。そういうのが食べたい気分だったんですね。気分やそのときにある野菜で自由に作れるのが、クリームシチューという料理。「レシピは関係なし」の料理なのです。先日のクリームシチューを振り返ってみましょう。作り方の全体像をつかんでいただけると思います。

Q　はじめに鶏肉に塩、こしょうするのはなぜですか？
A　鶏肉はある程度塩味を感じるほうが、おいしいからです。

Q　セロリははじめから入れなくてもいいのですか？
A　最初から入れてもいいし、途中で加えてもいいです。

クリームシチュー作りの流れ

塩、こしょうした鶏肉（手羽元など骨つきの鶏肉300グラムくらい）、大きめに切った玉ねぎ2〜3個、ゴロゴロと大きく切ったにんじん2本ぐらいを鍋に入れます。水を注ぎます。材料がかぶるぐらいです。あればローリエを1〜2枚加えて火にかけ、静かな火でゆっくりと煮出します。こうすると鶏肉や野菜からうまみが引き出されて、水が徐々に〝スープ〟になっていくのです。

アクを取り除き、さらに静かに煮て、にんじんがやわらかくなったなと思ったら、じゃがいもやセロリを入れます。やさしい火で煮て、じゃがいもがやわらかくなったら、かぶを入れます。つまり、火の通りの遅いものから順に、鍋に野菜を加えていくわけです。ちなみに、かぶは皮つきの歯ごたえがおいしそうだったので、皮つきのまま入れました。かぶがやわらかくなったら味見をして、塩を入れ、こしょうをふります。

クリームシチューにするには、ここにミルク（牛乳でも生クリームでも）を入れます。お好みの量を。ミルクがなじんだら、最後に水溶きのコーンスターチを加えてとろみをつけます。そして最後の最後にバターをたっぷり溶かし入れると、ふわっとバターの風味が立つのです。これでできあがり。

鶏肉と野菜を
静かな火で煮れば
水がスープに変わります。
コトコトよりも、
もっと静かな火です。

Q　鶏のもも肉やむね肉ではいけませんか？
A　骨がついていない鶏肉からもうまみは出ますが、ちょっと物足りなく感じるかもしれません。ですから鶏を多めに入れるか、水ではなく、別にとったチキンスープや野菜スープで煮込むのがおすすめです。

Q　あまりだしが出ているように感じられません。
A　鶏肉は骨つきですか？　ごく弱火で煮出していますか？材料がかぶるぐらいの水分量で、弱火で煮出してください。また、煮出す時間が短すぎても、だしは出ません。最低でも20分以上は火にかけることです。

Q　コーンスターチを溶く水は、2倍量ぐらいですか？
A　2〜3倍が目安です。

手軽にとろみをつけるには

クリームシチューのとろみを小麦粉でつけると、シチューがちょっと重たくなります。それに小麦粉が入ると鍋底に張り付きます。張り付かないように、木べらで鍋底をかき落としていると、一緒に煮ている野菜や肉が崩れてしまう。

そこで小麦粉を使わずに、コーンスターチでとろみをつけることを思いつきました。コーンスターチはとうもろこしのデンプンを主体に作られている粉で、小麦粉よりもずっと軽いのです。これを水溶き片栗粉のように水で溶いて、とろみづけに使えば、軽くとろみのついたクリームシチューが手軽に作れます。

水溶きコーンスターチでとろみをつけるときは、ミルクを入れて、塩、こしょうでシチューの味つけをしっかりしたところへ加えます。一気に入れずに、少しずつ加えて、加えたら混ぜて少し煮る。様子を見て、足りなければ、また少し入れて煮る……というふうに鍋中と相談しながら、とろみづけをしてください。あっさりとしたとろみをつけやすい——これがコーンスターチのいいところです。

鶏肉はもちろん
えびやあさりからもうまみが出ます。
素材を組み合わせると
味に深みが出ます。

Q　鶏肉のシチューにさらに具を足してもいいですか？
A　もちろんです。酒蒸しにした殻つきのあさりを、クリームシチューの最後に汁ごと加えてみてください。あさりのだしが出て、いっそうおいしくなります。グリンピースやコーンを入れてもいいです。冷凍でも大丈夫。凍ったままシチューに加えて、温めればいいのでラクです。

里いものクリームシチュー

鶏とえびのクリームシチュー

クリームシチューの具について

よいだしが出るので鶏肉はたいてい入れます。鶏を食べるためというよりも、スープをおいしくするためです。骨つきのぶつ切りや手羽元などを多めに使えば、だしいらずです。とくに手羽元はだしの出る骨もついているし、肉もついているし、脂っぽくなくておすすめです。子どもにも食べやすいと思います。

野菜は、玉ねぎはマスト。玉ねぎはうまみの野菜。スープにおいしい味が出る野菜です。そのほかの野菜はお好みです。ブロッコリーやカリフラワーを入れてもいいし、きのこもおいしいです。

うちで人気の里いものクリームシチューは、あるとき、じゃがいもがなかったので里いもを入れてみたら、とてもおいしかったことから定番となりました。鶏の手羽元と里いもの組み合わせです。

えびを入れることもあります。鶏とえびのクリームシチューです。鶏と野菜を煮たスープのできあがりに、殻つきのえびをざるに入れてスープの中に浸します。えびに火が通ったら引き上げて、殻をむき、身をスープに戻す。こうすると、海のもの（えび）と山のもの（鶏）の両方のうまみがスープに出て、とてもリッチなおいしさに。ミルク、水溶きコーンスターチ、バターを加えて仕上げます。

スープがおいしいロールキャベツ

ロールキャベツも寒い季節にうれしい料理です。洋食ですが、不思議と白いご飯によく合います。

うちのロールキャベツには野菜がたくさん入ります。キャベツの芯のところとか、ミニトマト、セロリ、にんじん、しいたけ、じゃがいも、れんこん……いろいろな野菜をロールキャベツと一緒に大鍋で煮込むのです。

この章で繰り返しお伝えしていることですが、肉や野菜を静かな火で煮ると、野菜からも味が出てスープになります。野菜たっぷりのロールキャベツも「スープがおいしい」料理なのです。

いろいろな具材のやわらかなうまみが出たスープは、作ったその日よりも、翌日以降のほうが味がなじみ、冬場なら3日間ぐらいはおいしく食べられます。

キャベツは蒸して丸ごと使います

ロールキャベツに欠かせないのはキャベツです。キャベツは扱いやすいように軽く火を通して使います。1枚1枚はがしてゆでてもいいのですが、それだと手間がかかるし、ゆでたキャベツがざるに山盛りになったりして場所をとって大変ですね。

Q　キャベツの芯はどうやってくり抜きますか?
A　先の尖った包丁を、芯の周囲にザクザクザクと差し込んで、包丁でくり抜くようにすると芯が取れます。

そこで私はキャベツを丸ごと蒸しゆでにします。蒸すとラクなんです。それに蒸し汁をあとでスープに入れれば、さらにおいしくなるので一石二鳥。

熱がよく入って葉がバラバラになりやすいように、キャベツの芯のまわりに包丁でぐるりと深く切り込みを入れます（芯をくり抜いても）。大鍋に少し水を入れます。底から3〜4センチの深さです。使う鍋は蒸し器でも、普通の大鍋でもいいです。キャベツが入って、ふたができる鍋ならなんでも。

水を少し入れた大鍋に、芯のほうを下にしてキャベツを入れ、ふたをして強火にかけて蒸しゆでにします。だいたい6〜7分でやわらかくなってきます。

葉が1枚ずつはがれてくれればいいので、キャベツの中心まで蒸し上がっていなくても大丈夫です。こんなふうにキャベツを丸ごと蒸せば、生の葉っぱを手で1枚1枚はがさなくてもいいですし、蒸し汁をスープとして使えます。それこそ、キャベツを丸ごと食べられるわけです。

ロールキャベツ作りの流れ

ロールキャベツの作り方は、きわめてシンプルです。

肉はひき肉を使います。豚でも、牛でも、鶏でも、合いびきでも結構です。ちなみにわが家は豚ひき肉を使うことが多いです。

ひき肉に、みじん切りにした玉ねぎと、塩、こしょうを加えて混ぜます。お好みですが、私は玉ねぎは炒めずに、生のまま入れるほうがあっさりとして好きです。また、パン粉も卵も入れません。ひき肉と玉ねぎだけです。

生地をよく混ぜたら、キャベツできっちり包みます。巻き終わりを楊枝などで留めたり、かんぴょうで結んだりしないので、なるべく動かないように、口径の大きな鍋にロールキャベツを重ならないようにギッシリと隙間なく詰めます。

それでも隙間ができたり、煮ているうちにも隙間ができるので、キャベツの芯、ミニトマト、にんじん、玉ねぎなどの野菜を隙間に詰め込みます。これが、わが家のロールキャベツが「野菜たくさん」になる理由です。冷蔵庫に残っている、ゴロゴロした野菜をあれもこれも入れてみてください。そのほうがおいしくなります。

鍋にキャベツの蒸し汁と水を加え、ロールキャベツがほぼかぶるぐらいの水分量にします。ローリエ、粒こしょうも入れて、静かな火で煮ます。コトコトよりもやさしい火で、ゆっくりゆっくり煮込みます。

決して沸騰させないこと。沸騰させるとスープも濁るし、ロールキャベツがバラバラになってしまいますので。煮込んでいる間に水分が少なくなったら、そのつど蒸し汁や水を足して大丈夫です。途中で味をみて、塩、こしょうでととのえれば完成です。

Q　パン粉を入れないと、生地がかたくなるのでは？

A　ならないです。パン粉を入れるのは、卵や牛乳などを加えると生地の水分が多くなるので、それを吸わせるため。卵も牛乳も入れなければ、パン粉を加える必要はありません。

Q　詰め込む野菜はどんなふうに切りますか？

A　なるべく大きくゴロゴロと。にんじんは皮つきで。セロリも私はゴロンと大きく斜めに切ります。日本のセロリはやわらかいので、筋を取る必要もないです。

キャベツの蒸し汁もスープになる。
ミニトマトやセロリからも味が出る。
ロールキャベツは
野菜のうまみをいただく料理。

Q　おいしいベーコンはどこで買えますか？
A　ベーコンの脂は料理の味の決め手となります。自分のところで作っているハムやソーセージの専門店などで、よいベーコンを探す努力をすることが大事です。私自身は今は近所のお肉屋さんのベーコンを使っていますが、かつては大多摩ハムというメーカーのベーコンを愛用していました。よいベーコンが手に入らないときは、パンチェッタを使います。風味は異なりますが、黒豚のバラ肉を炒めてカリカリにして使うのもおすすめです。

味つけはどうぞお好みで

キャベツの蒸し汁と水で作るロールキャベツは、本当にあっさりとしています。そこにうまみを補うために、私はベーコンを加えて煮ることもあります。薄切りを長いまま入れて煮るのです。ベーコンも味の出る便利な素材です。余計なものが入っていない、きちんとスモークされている本物のベーコンに限ります。

スープを味見して、物足りないと思ったら、市販の顆粒スープ（なるべく自然な風味のもの）をほんの少し補ってもいいです。もちろん、鶏肉や野菜でとったスープストック（詳しくは80ページへ）が冷凍庫にあれば、ぜひ、それらを解凍して水の代わりに使ってください。さらにコクのあるスープになります。

はるか昔、子どもたちがいた頃は、ロールキャベツをトマト味にすることもありました。子どもはケチャップ味が好きでしょう。でも全部をケチャップ味にしてしまうと、あっさりと食べたい大人は困る。なので子どものロールキャベツには、ケチャップに生のトマトをきざんで混ぜたものをのせてあげるのです。これにタバスコを加えたものは大人にも好評でした。スプーンやフォークで混ぜながら食べれば、トマト味のロールキャベツで、これもとても人気でした。

ビーフシチューを白いご飯で

ビーフシチューも、レシピを見なくても作れます。作る工程はとてもシンプル。いったん作り方の流れさえつかんでしまえば、すぐに〝自分のもの〟になるはずです。手間はかかりません。ただし時間はかかる。静かに時間をかけて煮ることで、肉は必ずふっくらトロトロになります。火を止めてじっくり味をなじませることで、ソースはまろやかでおいしくなるのです。ですから、とびきりのおいしさのために、ゆっくりと楽しみながら作るのがビーフシチューなのです。

時短ならぬ〝時長料理〟は、放っておけばおいしくなってくれるもの。大あわてで作るせわしない時短料理よりも、むしろ作るのはずっと簡単で失敗がありません。ビーフシチューを作るときは、すぐに食べようと思わないで、2～3日後の楽しみのためにコトコトと煮る感覚です。

昔からいろいろ作ってきて私がたどり着いたのは、牛肉や野菜のだしが溶け出して、トマトや赤ワインのうまみと渾然一体となった〝ソースがおいしいビーフシチュー〟です。お肉もですが、ソースがおいしい。

あっさりしつつもコクのあるそのソースで、白いご飯を食べるのは最高の幸せです。そういえば、あるとき「ビーフシチューやハンバーグを食べるときは、なぜか、ぬか漬けが欲しくなるんですよね」と話すと、「銀座の老舗の洋食店でも、ビーフシチューにぬか漬けが添えられてきますよ」と教えてくださった方がいました。

ビーフシチューやハンバーグを作るとき、私には西洋料理を作る意識はなくて、「ご飯のおかずを作っている」感覚です。ビーフシチューは週末などゆっくり食事を楽しめるときに作って食べたい〝うちのおかず〟のひとつなのです（もちろん、おもてなしのごちそうにもなります）。ご飯とぬか漬けと一緒にいただきます。

ビーフシチュー作りの流れ

ビーフシチュー作りは、決して難しくありません。

わが家では牛肉は1キロのかたまりを大きめに切って使います。ひと切れ150～200グラムに切った肉に、塩、こしょうをまぶし、粉を薄くつけます。フライパンにオイルをひいて肉の全面を焼きつけて煮込み鍋に移します。フライパンにオイルやバターを少し足して、ソースのベースとなる野菜を炒めます。野菜は、ザクザクと切った玉ねぎ、にんにく、にんじん、セロリなどをたっぷりと。

野菜を煮込み鍋に移します。空いたフライパンに赤ワインカップ1杯ほどを注いで火にかけ、フライパンに張り付いた肉や野菜のうまみをワインに移して、これも煮込み鍋に入れます。肉1キロに対して、赤ワイン計1本、パッサータ（トマトの水煮の

Q　パッサータはどこで売っていますか？
A　最近はいろいろなスーパーマーケットで見かけます。パネットで購入もできます。パッサータではなく、トマトの水煮缶大1缶をつぶして使ってもいいです。

Q　ビーフシチューの鍋底が焦げてしまいました。
A　途中で混ぜましたか？　先煮込みながら、ときどき、先が平らになった木べラでかき混ぜてください。また、焦げるのは、最初に肉にまぶす粉が多すぎたせいかもしれません。粉が多いと、炒めたり煮たりするときに鍋底に落ちた粉が焦げやすいのです。粉はうっすらとまぶす程度です。

裏ごし。市販品）大1瓶を加えて煮込みます。鍋中が静かに煮立つ程度のやさしい火加減で、最低でも2時間煮ます（このあと一晩おくとさらにおいしい）。

肉がやわらかくなったら、肉だけいったん取り出して、鍋中の野菜入りのソースを、フードプロセッサーやハンドミキサーにかけて液体に近い状態にします。これが、ビーフシチューのとろみになるのです。粉でとろみをつけるのではなく、野菜のとろみ。これがおいしさのカギです。

ソースを鍋に戻して火にかけ、塩、こしょう、お好みでクローブなどのスパイスも加えて軽く味つけし、牛肉を戻し入れます。

人がする仕事はここまでで、あとは火におまかせです。鍋を弱い火にかけて煮るだけです。最低でも3時間。とにかくやさしい火で長時間トロトロと煮込む。火にかけているのを忘れてしまうぐらいに。途中でガス火を止めて出かけることもできます。帰ってきて、また煮込めばいいのですから。

そうして充分に煮込んだら、火を止めて一晩おきます。翌日、浮かんでいる脂（オレンジ色の膜）を取り除きましょう。食べる前に火にかけて温め、しょうゆやウスターソースで好みの味にととのえます（隠し味。シチューはしょうゆやソースの味にはなりません）。仕上げにバターのかけらを落とすと、一層おいしくなります。これで完成です。

ビーフシチューを煮てすぐは、
まだ生の味。
それが一晩おくことで
熟成したようなおいしさになる。

肉と野菜の分量について

材料についてお話しします。牛肉は私はブリスケという部位を使います。ブリスケは牛の肩バラ肉の一部で、これがとてもおいしい。精肉店や精肉コーナーで、事前に注文しておきます。ブリスケが手に入らない場合は、牛すね肉などのシチュー用として売られている肉を使ってもよいです。

肉の量は最低でも1キロ。ビーフシチューはこれ以下の量で作っても、どういうわけかおいしくならないのです。私は1キロのかたまり肉を5〜6切れに切って使います。肉は煮込むと小さくなりますから、最初は大きめにカットしてください。

ソースのベースとして、野菜をたくさん入れます。玉ねぎが大1個。小ぶりならば2個。にんじんが2本ぐらい。セロリが2本。玉ねぎ、にんじん、セロリ、この3つの野菜がスープのベースになります。プラス、にんにくを2〜3かけ。野菜はあとでミキサーにかけますので、ザクザクと粗みじんに切ります。

赤ワインは1本。長時間煮込むのでアルコール分は飛んで、ワインのうまみやコクだけが残ります。飲み残しの赤ワインがあれば、それも入れましょう。

トマトの水煮は、赤ワインと同量が目安です。でもこれはお好み。私は赤ワインを多めに入れますが、お好みでトマトが多めでもいいでしょう。

ビーフシチューは、
じつは野菜でできています。
目には見えないけれど、
たっぷりの野菜がトロトロに
溶け出したソースがおいしい。

さらにおいしくする、さらにラクに作る

作り方や材料については以上で、ここからは応用編のお話です。

基本のビーフシチューは、ソースにたくさん野菜が入っていますが、できあがりはお肉しか見えません。そこへ、うちではよく、ゴロンと大ぶりのにんじんも入れます。にんじんは皮つきでも、皮をむいてもいいです。とにかく大ぶりに切ったほうがいいです。乱切りです。あるいは丸のままでもよいくらい。あまり早くシチューの鍋に入れて煮ると溶けてしまうので、ビーフシチューの仕上がりの1時間ほど前に入れて一緒に煮ます。

ビーフシチューのソースで煮込んだにんじんは、なんだか特別なおいしさで、わが家ではもしかしたら、お肉よりもにんじんのほうが人気があるかもしれません。

にんじんと一緒に、ごぼうや里いもを入れることもあります。ごぼうはタワシで洗い、これも大ぶりに切って、アクがあるので酢水でやわらかくゆでてからシチューの鍋に加えます。里いもは皮をむいて、じかに加えます。いずれにしても、野菜はシチューのできあがりの1時間前に加えて味を含ませます。

ビーフシチューをガス火で煮込む作り方をご紹介しましたが、オーブンで加熱することもできます。私はこれをよくします。放っておけばいいので、本当にラクなので

す。おすすめです。

オーブンで加熱する場合は、取っ手などにプラスティックが使われていない鍋を使ってください。きっちりとふたをした状態で、鍋を150度ぐらいの低温のオーブンに入れて、3〜4時間ほったらかしにしておく。本当にほったらかしで、極上のビーフシチューができてしまいます。熱で鍋全体を包み込むようにして加熱するオーブンならではの深みのある味になります。

ガス火やオーブンで煮込む方法をご紹介しましたが、子どもたちが小さい頃には、スロークッカー（煮込み用の電気調理器）も使いました。お持ちでしたら、これでビーフシチューを作ってもいいです。煮込んだ野菜をミキサーにかけてトロトロにし、軽く味つけしたソースと肉を、スロークッカーの中に入れておくだけです。

スロークッカーは低温を保ってくれるので、一日中煮続けていても安心です。ほったらかしにしておくだけで、ふたを開ければ、ホロホロの牛肉のシチューが完成しています。

時間はかかるけれど
放っておけばいいのですから
ビーフシチュー作りは
じつはとてもラクです。

［レシピ以前のスープのはなし］

スープストックのとり方

野菜でも、鶏でも、
ただ静かに水から煮るだけ。
スープストックは簡単にとれます。

野菜でとるスープストック

Q スープストックとは何ですか？

A スープです。そのままでも食べられるし、だしとして、シチューなどの味のベースになります。

野菜を鍋に入れ、水を注ぎ、静かな火で煮るだけでスープができる――。この本にも繰り返し出てきますし、前著『ごはんのきほん　レシピを見ないで作れるようになりましょう。』にも、野菜でとるスープのことは書きました。

これを知っているのと知らないのとでは、料理の味に大きな差が出ます。野菜でとったスープのしみじみとしたおいしさを知ると、家のごはんが確実にランクアップします。市販のスープやルーの、どこか尖ったような強い味とは別物の、やさしくまろやかな味わいがあるからです。

玉ねぎだけを水から煮出しても、スープがとれます。キャベツの外葉やセロリの葉っぱなど捨ててしまうようなところも、水から煮出すとスープがとれます。

香りがよくて味に深みのある野菜スープをとりたいときは、数種類の野菜を組み合わせるといいです。玉ねぎ、にんじん、セロリやパセリといった香りの野菜。この3種類が野菜スープのベースとなります。野菜はザク切りにします。皮つきでもいいですし、にんじんをむいて皮だけ残っていればそういうものを加えても。玉ねぎのヘタや薄皮も私は入れてしまいます。ここにキャベツなど、ほかの野菜が加わってもいいです。キャベツを入れると、スープが甘くなります。

野菜を深さのある鍋に入れ、かぶるぐらいの水を注いで、最初は中火弱の火にかけます。煮立ってきたら火を弱めて30分ぐらい煮ます。ただし、これはあくまでも目安。どのくらい煮るかは、ご自分の舌で決めてください。スプーンですくって飲んでみて、「スープの味」になっていればよいのです。

こして使います。野菜スープにしろチキンスープにしろ、なくてはならないものなので、私はスープストックはまとめて作り、味をつけずに小分けにして冷凍庫にストックしています。おいしいシチューを作りたいとき、リゾットやパエリアを作るときに、スープストックがあれば便利です。スープストックを使うだけで、料理が格段においしくなります。

鶏でとるスープストック

Q 鶏のスープは鶏ガラでとるのですか?

A そうとも限りません。手羽先や手羽元でもよいだしが出ます。

チキンストック、つまり鶏でスープをとる場合の話をしましょう。チキンストックは、昔はたいてい鶏ガラでとるものとされていました。もちろん鶏ガラを水で煮出してもよいのですが、それよりも骨つきの鶏肉を使うのが肉のうまみが出るのでおすすめです。スープをとったあとの鶏も食べられて一石二鳥です。

目安として10カップ分ほどのスープストックをとるなら、手羽先や手羽元などの骨のついた鶏肉を500グラム~1キロ以上用意します。1種類の部位でもいいし、取り混ぜてもいいです。鶏は水でよく洗って、水気を拭いてから使います。

鶏を鍋に入れて、たっぷりの水(13~15カップ)を加えます。このとき、玉ねぎ、にんじん、セロリやパセリも入れると、スープの味に奥行きが出ます。

スープをコクのある味にしたければ、鶏を多めに入れます。鶏と野菜を両方ともたっぷり入れて煮出せば、コクと野菜の甘みが感じられるスープがとれます。

鶏、野菜、水を入れた鍋を中火弱の火にかけます、アクが浮いてきたらきれいに取り除き、沸いてきたら弱火にします。そしてひたすら静かに煮る。少なくとも20分以上、味見して「スープの味」になるまで。とにかくずっと静かな火で煮ることです。

どのぐらい煮出すかはタイマーに頼るのではなく、自分の舌で判断してください。飲んでみる。何しろ飲んでみないことにはわかりません。飲んでみて「いいだしが出たな」と思えば、そこで火を止めればいいのです。あとで鶏肉をおいしく食べたいならば、20分ぐらい煮たら鶏は取り出すなど、調節しましょう。

こすときは、私はスープに脂が浮くのがあまり好きではないので、ボウルにざるを重ね、その上にペーパータオルを敷いてこします。こうするとペーパーに脂がきれいに残り、すっきりとして、透き通ったチキンストックができます。これをさらしのふきんでこすと、脂も全部スープの中に入ることになります。

とれたてのスープは、塩、こしょうで調味して、パセリのみじん切りか何かをちょっと浮かべただけでも、とてもおいしいです。

だしがらの鶏をおいしく食べる

Q だしをとったあとの野菜や鶏は捨てますか？

A 鶏肉はぜひ食べてください。おいしく食べる方法があります。

スープをとったあとの野菜は、味がすっかり抜けているから捨てても惜しくはありません。でも、肉のついた鶏は捨てたくない……と思うでしょう？

あるとき、チキンストックをとったあとの手羽元にしょうゆをまぶして、唐揚げにしてみたのです。これがとてもおいしくて、スタッフにも大好評。脂が抜けているからパリッと揚がり、生の鶏肉をから揚げにしたときとは、また違うおいしさです。以来、チキンでスープストックをとったときは、〝おいしいだしがら〟も楽しみになりました。だしがらの鶏肉も食べたいときは、鶏からうまみがすっかり出きってしまわないように、20分程度で鶏を取り出します。

鶏にしょうゆをまぶしたら、半日から1日おきます。すりおろしたにんにくを加えて、にんにくじょうゆをまぶすとさらにおいしい。

揚げるときは粉をつけず、しっかり水分を拭き取って、から揚げに。中温の油でカリッカリになるまで、よく揚げるのがコツです。揚げずにオーブンで焼いてもいいです。そのときは高めの温度で、おいしそうな焼き色がつくまで焼きます。

食べきれない分は、しょうゆとにんにくに浸けた状態で冷凍しておきます。食べるときは鶏を冷凍庫から出して、その辺に放っておけば、芯のほうはまだ凍っていても、まわりは解凍されます。これを、水分をよく拭き取って揚げたり焼いたりすればいいのです。

スープストックの冷凍・解凍

Q
スープストックの冷凍、解凍はどうすればいいですか？

A
すぐに使いたいときは湯をかけて取り出し、鍋に直接入れて温めます。

私はスープストックを、ふたつきの密閉容器に小分けして冷凍しています（マイナス18度をキープでき、マイナス30度まで冷却できる冷凍室を使用）。このとき、凍ってしまうと液体はどれが何だか判別できなくなるので、必ず「野菜スープ」「チキン」と明記しておきます。きれいにはがせる養生テープと油性ペンを、私はキッチンの近くに常備しています。

解凍の方法はいろいろです。

すぐに使いたいときは、密閉容器ごと湯をかけて少し溶かし、鍋に取り出す。あるいは常温に少しおいて容器から取り出せるようになったら、凍ったままのかたまりを鍋に入れて、火にかけて温めます。

また、「明日使う」というような場合は、冷凍庫から冷蔵庫に移しておいて、自然に溶けたスープを火にかけて温めればいいのです。

凍ったスープストックが溶けるとき、最初に溶け出すスープは味が濃いめです。外側ほどだしが濃く、中心部分ほど水に近い。ですから味を均一にしたければ、容器のスープがすべて解凍されてから使います。

この濃さの違いを利用することもあります。「濃いめのだしが少しほしい」というようなときは、先に溶け出した濃いスープを足せばいいわけです。

みんなが喜ぶ洋食

ハンバーグ

98ページ

マカロニグラタン

111ページ

魚介とほうれん草のグラタン

114ページ

ホワイトソースは
ミルクを煮詰めるだけ。
そこに好きな具を入れて焼けば
ホッとするおいしさの
わが家のグラタンのできあがり。

肉とじゃがいものロースト

114ページ

豚かたまり肉と野菜のロースト

116ページ

ビーフストロガノフ

120ページ

フライパンひとつ、
鍋ひとつで作れるのに
洋食にはごちそう感があります。
ふだんのごはんにも、
来客時のおもてなしにも。

最初はうちのハンバーグもいまひとつでした

わが家のハンバーグ、とても人気があります。コロンとして厚みがあって、表面はパリッとしているけれど、中はふわっとしていて、切ればジュワッと肉汁が出る。〝ひき肉を練ったもの〟ではなく、お肉を噛みしめるおいしさがあります。

そういうハンバーグを作りたくて、作り方を研究したのです。もう、ずいぶんと前のことです。

最初は私も普通に作っていました。炒めた玉ねぎ、卵、パン粉をひき肉に混ぜてハンバーグだねを作り、小判形にまとめ、真ん中を凹ませてフライパンで焼いていた。でもそうやって作るハンバーグが、どうもおいしくないと感じていました。

そんなところへ、子どもの幼稚園のお友達のお母さん（ですから、本当にはるか昔の話なのです）から、おいしいお店があるので行きましょうと誘われて、北千束あたりの小さな洋食屋さんへ連れて行ってもらいました。

その洋食屋さんで食べたハンバーグが、うちで作るのとは全然違うおいしさだったのです。「どうして、こんなにおいしいんだろう？」と思って、それからしょっちゅう店に通い、作り方を見ていました。ご主人の動きをよく見られるカウンター席に座って、冷蔵庫からたねを出してくるところから、じーっと観察しました。

Q　鉄のフライパンでないと作れませんか？

A　肉の表面を素早く焼きつけたいので、から焼きして高温にできる鉄のフライパンがいいのです。そして、オーブンに入れるにはプラスティックの柄がついたものではだめですので、取っ手も高温に耐えられる素材のフライパンを使ってください。

Q　オーブンに入るサイズの鉄のフライパンがないのですが。

A　スキレット（鉄製のフライパンのようなもの）でもいいです。あるいは、フライパンで焼きつけてから、オーブンの天板に並べて焼いても。無水鍋やストウブなどオーブンに入れられる鍋で焼くのも手です。

それでわかったことは——店のご主人はたねを丸くまとめたあと、まん中はへこませずに、鉄のフライパンでサッと焼きつけてから、そのままオーブンに入れていた。だから早いんです。10分ぐらいたつと、もう「はい」って、表面がカリッとして中がふんわりとした、とてもおいしいハンバーグが出てくる。「そうか、ハンバーグはオーブンで焼くものなんだ」と合点がいきました。

パサつくハンバーグの原因

フライパンだけでハンバーグを作る場合は、コロンとしていると中まで焼けないので、たねを薄い小判形にして、火の通りにくい真ん中を凹ませます。そして表面を焼きつけたら、ふたをして蒸し焼きにする。「焼く」ではなく「蒸し焼き」です。

そんなふうに慎重に作っても、表面ばかりが焦げて、中は生っぽかったりすることもあります。また焼き上がったハンバーグは、どうもパサパサしているし、切っても肉汁が出ない。肉じたいのうまみではなく、あとからかけるソースで味わうようなハンバーグになってしまう。

なぜでしょうか？

ふたをして蒸し焼きにすると、水分がこもるのでカリッと焼き上がらないのです。香ばしく焼けずに、肉に火が通る前に、肉汁やうまみを含んだ水分が外に流れ出てしまったりする。真ん中の凹ませたところに、ハンバーグから出た灰色っぽい水分がたまりませんか？　水分が出てしまった証拠です。「火が通ったかな」と何度も串を刺して確かめたりすれば、その穴からも肉汁が出てしまいます。

焼いている途中で肉汁や水分が外に出てしまうと、ハンバーグはパサついてかたくなります。ふたをして蒸し焼きにすると、どうしてもこんなふうになってしまうのです。

オーブンで焼くのがいい理由

その点、庫内全体に熱気が充満するオーブンは、熱気で包み込むようにしてハンバーグに火を入れることができます。表面はカリッと香ばしく焼けて、まわりが焼き固められるから、ハンバーグの内側では肉汁があふれんばかりにフツフツと熱くなり、肉にふっくらと火が通る。

オーブンで焼くのと、フライパンで蒸し焼きにするのとでは、まったく別物のおいしさになる理由がここにあります。

オーブンで焼くと、３６０度全面から熱が入るので、ハンバーグを平たく形成する必要はなく、コロンと厚みのある丸い形がいいのです。ステーキもそうですが、小さくても厚みがあるほうが、肉は絶対においしいです。

Q　玉ねぎを炒めないのはなぜですか?
A　もちろん炒めてもいいです。お好みです。私は生っぽい玉ねぎのほうが存在感があって好きなので。切り方もみじん切りというよりも、結構大きめです。わが家で作るのは、玉ねぎも主張しているハンバーグです。

Q　玉ねぎを生で入れたら、辛くならないでしょうか?
A　オーブンで火を通すので辛みは感じません。

オーブンをお持ちでしたら、ぜひ一度、ハンバーグを焼いてみてください。一度焼いてみると「もう、これしかない」と思うはず。そうおっしゃる方が本当に多いです。すごくおいしくできるから。それにとても気軽だから。フライパンで作るよりも、オーブンで作るほうがハンバーグはラクなのです。

ハンバーグ作りの流れ

わが家では、ハンバーグをこんなふうに作ります。

材料は豚のひき肉、牛の赤身のひき肉が同量ずつ。肉を計600グラムで作るならば、玉ねぎ1個（大½個ぐらい）をみじん切りにします。卵Lサイズ1個（Mサイズなら1½個）、パン粉½カップぐらい、塩、こしょう。ちなみに私は玉ねぎは炒めません。生のまま加えます。

ボウルに豚ひき肉を入れ、玉ねぎ、卵、パン粉を加えてよく混ぜます。手が疲れて大変だけれど、粘りが出て糸を引くぐらい、よく混ぜる。こうして豚肉だけでよく混ぜたところへ、牛肉を入れて混ぜると、すごくおいしいのができます。

持ち手も鉄製の鉄のフライパンを中火弱の火にかけて、うっすらと煙が出るぐらいにから焼きします。同時にオーブンを240～250度に予熱しておきます。

温めている間にハンバーグだねを丸めます。大きさはお好みですが、とにかくペチャンコにしないで、厚みのある丸い形にするのがポイントです。わが家では600グラムの肉ならばハンバーグ4つぐらい（小さくて5つ）。丸くまとめたら、両手でキャッチボールをするように打ち付けて空気を抜きます。

充分に温めたフライパンにオイル少々をひいて、ハンバーグを並べます。ハンバーグを入れるとジュッといい音がするぐらいの火加減にします。そしてフライパンをガス火の上で動かし、端にあるハンバーグの真下にも火がくるようにして、すべてのハンバーグにまんべんなく焼き色がつくように焼きつけます。

下になった面にいい焼き色がついたら、ひっくり返します。そしてフライパンごとオーブンに入れます。入れたらオーブンの温度を200～210度にセットします。ハンバーグの大きさや入れる数にもよりますが、4個程度のハンバーグなら15分ぐらいで焼き上がります。表面がこんがり焼けて、肉がコロンと盛り上がったようになって、肉のまわりにちょっと紫色っぽい肉汁が出ている状態になれば、焼き上がりです。串で刺してみてもいいですが、刺さなくても、まわりの肉汁が焦げ目のついたような色になっていれば、ちゃんと中まで火が通っています。

まわりがカリッとしていて、ハンバーグの芯のあたりはちょうどよく火が通っている、焼きすぎていないふわっとした理想的な感じです。肉を噛みしめるおいしさもあります。オーブンで焼けば、どなたにもこのハンバーグが作れます。

Q　玉ねぎをフードプロセッサーで切ってもいいですか？

A　いいですが、細かくしすぎないように。かたまりの牛肉を細かくするためにフードプロセッサーを出したなら（詳しくは104ページへ）、玉ねぎもフードプロセッサーで粗みじんにすれば、とてもラクです。

Q　オーブンの予熱が、焼く温度よりも高めなのはなぜですか？

A　ドアを開けてハンバーグを入れると、一気に温度が下がるからです。ハンバーグの数によって温度の下がり方は違います。ですから、2～3個焼くときは220度に予熱をし、5～6個ならば240～250度に予熱をして、いずれの場合も入れたら200～210度に落として焼き上げます。

片面を焼きつけたら
オーブンに入れて約15分。
これだけで肉のうまみを堪能できる
とびきりおいしい
ハンバーグができます。

おいしく作るための肉の選び方

おいしいハンバーグは、たねにも理由があります。うちでは豚と牛を同量ずつ合わせます。

「じゅわじゅわ」という肉汁のうまみ。これは豚肉です。ですから、おいしい脂肪がしっかりついた豚肩ロースを細かくひいて使います。

肉をぎゅっと噛みしめるうまみ。これは牛肉です。食感が大事なので、脂の少ない牛肉の赤身をゴロゴロとした粗挽きにして使います。豚肉の脂の溶けたじゅわじゅわ感と、牛肉の肉々しさの両方あるのがおいしいわけです。

豚ひき肉は普通に売っているものでもいいです。脂がある程度あるひき肉を選んでください。牛肉はできれば肉屋さんに頼んで、粗挽きにしてもらいます。頼めば結構やってくださるものです。どうしても手に入らないときは、私はかたまりの牛肉を自分でフードプロセッサーにかけることもあります。まだ繊維がつながっているぐらいの切れ方で、豚肉のたねに加えて混ぜます。これもおいしいです。

オーブンで焼き上がったハンバーグは、ケチャップとソースとマスタードを合わせたソースで召し上がってください。溶きがらしとしょうゆ、大根おろしとしょうゆでシンプルに食べてもおいしいです。肉のうまみを堪能できます。

Q　肉屋さんで肉をひいてもらうにはなんと言えばいいいですか？

A　「豚肩ロースを細かくひいてください」「赤身の牛肉を粗びきにしてください」と伝えればいいのです。「できない」と返ってきたら、その程度の店だと思って買わないことです。よい素材が欲しければ、私たち消費者もしっかりとモノ言う姿勢が大事です。

赤身の牛肉は、
肉を噛みしめるうまみ。
脂のある豚肉は、
肉汁のジューシーさ。
ハンバーグに2種類の肉を使う理由です。

鍋ひとつで作るグラタン

グラタンも、レシピを見る必要がまったくない料理です。みんなが好きなので、子どもたちが小さい頃は週に一度は作っていました。だからもう、レシピどころか、鍋の中もあまり見ないで、そのときにキッチンにあるものでサッサと作っていた感じです。それぐらい気軽で自由な料理なのです。

本格的なホワイトソース（ベシャメルソース）はちょっと大変でしょう？　バターで粉を焦がさないように炒めたり、牛乳を少しずつ加えて、ダマにならないように火加減を調節しながらかき混ぜたり。

うちのグラタンはそれをしません。クリームは煮詰めるだけ。具はそこへ加えればいいので、ひとつの鍋でできます。作り方の流れさえ覚えてしまえば、とても簡単。ダマができず、とろみ加減もいくらでも調節可能。つまり、失敗のしようのないグラタンなのです。

ホワイトソース作りの流れ

ホワイトソース作りの流れをお話しします。手順をざっとつかんでください。

まず、欠かせないのは玉ねぎです。４人分だとしたら、玉ねぎ中１個をみじん切りに。5ミリ角ぐらいにザクザク切っても、玉ねぎの歯ごたえが残っておいしいです。鍋にオイル（オリーブオイルでもサラダ油でも）をひきます。鍋底に広がるぐらいの量です。オイル＋バターでもいいです。ここへ玉ねぎを入れて、焦がさないように透き通るまで炒めます。次に小麦粉を入れます。大さじ3杯か4杯。粉を入れたら木べらで混ぜながら炒めて、焦がさないように注意しながら粉に火を入れます。粉にしっかりと火を入れたほうがおいしいです。

牛乳を加えます。600～700ミリリットル。一気に入れずに、最初はカップ2杯分ぐらい入れて、玉ねぎについた小麦粉を溶かすように混ぜながら煮ます。火は中火弱。やさしい火加減で、静かに煮るのがコツです。粉が牛乳に溶けたら、残りの牛乳を入れて、たまに混ぜながら静かな火で煮ます。混ぜるというよりも、下がまっすぐな木べらを使って、鍋底をしっかりとかき取るような感じです。

あとはゆっくり煮詰めて、クリームを自分の好みのかたさにするだけです。こうして作ると、不思議とダマができないのです。粉がソースに溶けずに、小麦粉どうしで固まってしまうのがダマですが、玉ねぎと小麦粉を一緒に炒めると、粉が玉ねぎにまとわりつく。それで粉ばかりで固まることがなく、ダマになりにくいようです。

クリームが好みのかたさになったら、塩、こしょうで軽く味をつけます。ホワイトソースにはあまり塩分をつけないほうがおいしいです。

Q　グラタンのソースを作るときにバターを入れなくてもいいのでしょうか？

A　入れなくても大丈夫です。むしろソースを炒めるときは入れず、グラタンを焼く直前に、上にバターをちぎってのせたほうが、バターの風味が立ちます。

Q　バターは無塩と有塩どちらですか？

A　私は有塩バターを使いますが、無塩バターでも結構です。その場合はホワイトソースの塩分を心持ち増やしてください。グラタンはバターの風味もポイント。おいしいバターを最後にたっぷりのせて焼くといいです。

玉ねぎを入れると
ホワイトソース作りは失敗なし。
驚くほど簡単です。

Q　生クリームは使いませんか？
A　シチューに里いものような火の通りにくいものを入れるときは、先に野菜スープで煮ます。里いもなどに火が通ったところでミルクを入れますが、煮詰まっていない牛乳だけだとミルク味が薄いので、生クリームを加えてもよいです。

とろみはあとから調整できます

ホワイトソースのかたさはお好みです。私は少しゆるめのほうが、できあがったときにおいしく感じます。ですから鍋の中でタプタプしている感じを目指します。タプタプとした、ゆるいとろみです。

かたすぎてもおいしくないですが、シャバシャバとした、あまり水っぽい状態でもよくないです。シャバシャバが、もうちょっと煮詰まってタプタプになる、そのぐらいがちょうどいいと思う。とろーんとして、焼く前にすでにおいしそうな状態です。まだシャバシャバしているけれど、それ以上煮る時間がないというときは、コーンスターチを使う手があります。クリームシチューの項（63ページ）でもご紹介した、とろみづけの方法です。

水で溶いたコーンスターチを様子を見ながら少しずつ加え、鍋の中を見ながらとろみを調節します。少しずつ加えて、加えるたびにしっかり煮立てることが大事です。

逆に、とろみをつけたクリームがかたすぎるときは、水や牛乳を少しずつ加えてのばします。こんなふうに、とろみはあとからいくらでも調整できます。

Q　グラタンは浅い耐熱皿でも作れますか？
A　作れます。浅ければ表面積が広い分、上のカリッと焼けた部分が多くなり、それはそれでおいしいものです。

Q　チーズはピザ用のチーズでもいいですか？
A　熱で溶けるチーズならば、お好みのもので大丈夫。私はパルミジャーノをすりおろして使っています。

Q　グラタンになかなか焦げ目がつきません。
A　具材がフツフツいっているのに焼き色がつかないときは、オーブンの上火をきかせるか、温度を上げましょう。

具の入れどきと、おいしく焼くコツ

グラタンの具はホワイトソースを作っている途中で入れます。火の通りに時間のかかるものから順に鍋に加えていけばよいのです。

鶏肉や甘塩鮭（皮は取る）、じゃがいもなどの火が通りにくいものは最初から。玉ねぎと一緒に入れて小麦粉をふって炒め、牛乳を入れて煮込んでソースを作ります。

ハム、ソーセージ、ツナ缶やほたて缶（缶汁を切る）、カリフラワー、マッシュルームなどは、クリームを煮込んでいる途中で鍋に加えます。火を通しすぎるとかたくなるえびや生のほたては、クリームの仕上げの段階で加えてサッと煮る程度にします。

マカロニは別鍋でゆでてから、焼く直前にクリームと合わせます。

ホワイトソースと具ができたら、バターを塗った耐熱皿に移します。上にチーズを好みでふり、パン粉をうっすらとふって、バターをちぎってのせます。バターは最後にのせて焼くのがおすすめです。そのほうがバターの風味がふわっと生きる。

２５０度に予熱したオーブンに入れ、２００度ぐらいに落として、表面においしそうな焼き色がつくまで焼きます。10～15分程度でしょうか。フツフツといって上がこんがりすればＯＫ。表面がこんがりしていて、下がしっかり熱せられていればいいのです。グラタンは焼きすぎないこと。これでできあがりです。

マカロニグラタン

魚介とほうれん草のグラタン

じゃがいものグラタン

Q　グラタンに入れるじゃがいもはゆでなくてもいいですか?

A　ごく薄切りなら、生で火が通ります。厚みがあるときは、ゆでるなどして火を通してから使います。

グラタンのおいしい組み合わせ

マカロニグラタンは、ホッとするようなやさしい味に仕上げたいですね。ひと口大に切った鶏もも肉を玉ねぎと一緒に炒めてホワイトソースで煮て、ゆでたマカロニと合わせて表面をカリッと焼きましょう。ほかにも、鶏むね肉、えび、ハム、マッシュルームなどやさしい味わいの具材がいいです。

魚介とほうれん草のグラタンもわが家の定番。えびとほたてをホワイトソースに入れて軽く火を通し、耐熱皿に移します。その上に、ゆでて水気をギュッと絞って食べやすく切ったほうれん草をたっぷりのせます。さらに上からもソースをかけて、たっぷりのバターをちぎってのせ、パルミジャーノとパン粉をかけて焼きます。ほうれん草のおいしい冬場になると無性に食べたくなる、ワインにもよく合うグラタンです。

じゃがいものグラタンは、子どもも大人も大好き。じゃがいもに合うのは、ソーセージ、鮭、ほたてなど。

じゃがいもの皮をむいて、1センチ厚さ程度に切り、水にさらしてデンプンを取ってから使います。鮭は生鮭よりも甘塩鮭がおすすめです。鮭の皮を取って食べやすい大きさに切り、玉ねぎ、じゃがいもと一緒に最初から炒めて、粉、牛乳を順に加えてホワイトソースを作ります。耐熱皿に移し、パン粉、チーズ、バターをのせて焼きます。

濃縮ミルクのグラタンは格別です

もうひとつ、ぜひ作っていただきたいグラタンがあります。濃縮ミルクのグラタンです。これもとってもおいしい。オイルで玉ねぎを炒めて、粉も加えて炒め、牛乳を入れるところまでは、先にご紹介したグラタンと一緒です。

濃縮ミルクのグラタンは、小麦粉大さじ3に対して、牛乳を1パック（1リットル）使うのが特徴。まずは牛乳を2カップ分ぐらい厚手鍋や土鍋に入れて、かき混ぜて粉が溶けたら、残りの牛乳を加え、ときどき混ぜながらやさしい火加減で煮詰めます。たまにフツッというぐらいの本当にやさしい火で、ひたすら煮るのです。好みのとろみになるまで煮詰める。私は半分ぐらいの量になるまで煮詰めることがあります。

こうして作るホワイトソースは、牛乳の水分が飛んで、ミルクの味が濃縮されて、なんともいえずおいしいのです。生クリームのようなコクがあるけれど、あっさりしていて、ほかに代えようがない味です。

濃縮ミルクのグラタンの場合は、具を一緒に煮ると火が入りすぎてしまうので、具は別に作ります。きのこ、鶏肉、えび、じゃがいもなど好みの具をフライパンで軽く炒め、クリームと合わせて、パン粉、チーズ、バターをのせてオーブンで焼けばいいのです。

濃縮ミルクのグラタン

Q　濃縮ミルクのグラタンのソースを煮込むときに牛乳の膜ができてしまいます。

A　ソースはわりと頻繁に木べらで混ぜながら煮込みます。膜がはる前に混ぜましょう。膜ができたら、そのつど取り除くか、ソースに混ぜ込んでしまいます。

牛乳をやさしい火で煮詰める。
それだけで、
夢見るようなおいしさの
ホワイトソースができる。

わが家の人気料理、肉とじゃがいものロースト

鍋ひとつでできて、とにかく放っておけばいい、わが家の人気料理をご紹介しましょう。昔から本当によく作ってきた〝ロングヒット〟の2品です。

1つ目は、鍋で作る「肉とじゃがいものロースト」。厚手鍋にふたをして、ガス火で蒸し焼きにするだけで、オーブン料理のような洋風のしゃれた一品ができるのです。

3〜4人分なら、私は無水鍋で作ります。ほかにも土鍋やバーミキュラなど、なるべくふたの密閉度の高い鍋を使うのがおすすめです。

肉は鶏のももでも、豚の肩ロースやヒレでも、どれで作ってもおいしいです。中ぐらいのじゃがいも4個で作るとしたら、鶏もも肉は1枚程度。豚肉はかたまりなら300グラムぐらい。とんかつ用の厚めのスライスなら2枚ぐらい。

作り方です。肉を大きめのひと口大に切ってボウルに入れ、塩、こしょうをふります。鶏肉を使う場合はレモン汁もまぶしておくと、少し酸味がついておいしいです。じゃがいもはタワシでよく洗い、皮が薄くてやわらかければ皮つきのままで、皮がかたければ皮をむいて、1.5センチほどの厚さにスライスして、これもボウルに入れます。肉とじゃがいもにオリーブオイルをまぶします。

肉とじゃがいものロースト

Q　新じゃがで作ってもいいですか?
A　おすすめです。新じゃがのコリッとした食感は、ローストに向きます。新じゃがはぜひ皮つきのまま調理してください。小さい新じゃがなら丸ごと使いましょう。

Q　じゃがいもがカリッとしません。

A　じゃがいもと肉を縦に交互に入れていますか？　すべての具材が鍋底に触れるようにして、下がカリッと香ばしく焼けるようにするのがコツです（94ページの写真のように）。

Q　じゃがいもが鍋にくっついてしまいました。

A　ステンレスなどのそれほど厚みのない鍋だと、張り付きやすいかもしれません。その場合は、最初にから焼きして鍋を温めてからオイルをたっぷりめにひいて使います。鋳物や鋳物ホーロー製の鍋でも、じゃがいもはデンプン質ですので、少しは張り付きます。下のほうにはお焦げができます。でも、それがまたおいしいです。

にんにく2かけをたたきつぶします。

鍋にオリーブオイルをひきます。鍋底を覆うぐらいの量です。ここにじゃがいもと肉を交互に並べ入れます。にんにくもところどころに入れます。

この料理のポイントは、肉とじゃがいもが密着するように鍋に入れること。じゃがいも、肉、じゃがいも、肉……と縦に並べ入れることで、じゃがいもの広い切り口に肉が触れて、肉のうまみがじゃがいもによく移り、おいしくなるのです。また、肉とじゃがいもを縦に入れることで、すべてのじゃがいもと肉の側面が鍋底に触れることになり、香ばしい焦げ目がつくわけです。材料は上下に重ならないように、鍋底にぎっしり詰める感じで並べます。

材料をすべて入れたら、上に数か所バターをちぎってのせ、全体に軽く塩、こしょうをします。バターは風味づけですので、お好みの量を。ローズマリーやタイムなどのハーブをのせると、グッと洋風の味わいになります。ハーブは生がいいですが、なければパウダーでも可。

ふたをして、25〜30分、弱火で蒸し焼きにします。これでできあがり。

水を一切加えずに蒸し焼きにするので、肉もじゃがいももうまみがギュッと凝縮されて、本当においしい。厚めの輪切りにしたにんじんや、パプリカやズッキーニなどの野菜を入れて作ってもいいです。「洋風の肉じゃがですね」と評した方がいましたが、

Q　オーブンは予熱しておきますか?
A　私はしません。長時間焼くので予熱も何も……という感じですので。予熱に10分かかるとしたら、その分長く焼けばいいのよね、と思っています。

まさにそんな感じの素朴なおかず。子どもも大人も好きです。

ほったらかしでごちそう、豚かたまり肉と野菜のロースト

鍋ひとつで、ほったらかしでできあがってしまう、わが家の人気料理の2つ目。それは、「豚かたまり肉と野菜のロースト」です。同じローストでも、こちらは〝かたまり肉〟のごちそうです。

昔からご紹介していて、すでにご存じの方も多く、「簡単なので、うちのおもてなし料理はいつもこれです」「洋風のごちそうは、もう、この1品でいいです!」とみなさんが言ってくださいます。

かたまり肉がドンと食卓に登場するので、「わぁ!」と場が盛り上がることうけあいです。それに何より、お肉も野菜もすばらしくおいしい。その理由は、低温のオーブンで長時間焼くことにあります。低温で時間をかけてじっくり火を通すことで、かたまり肉がしっとりふっくらと焼き上がり、野菜も肉のうまみを吸って抜群においしくなる。

時間はかかります。最低でも2時間。でもオーブンに入れて放っておけばよいのです。とびきりのごちそうがこんなにラクにできていいのかしら、と思います。

かたまり肉のローストは、
低温のオーブンに入れたら
ほったらかしでＯＫ。

焼き時間によって味わいが違います

「豚かたまり肉と野菜のロースト」を、私はいつも豚肩ロースのかたまり肉1キロで作ります。もちろん、もっと少ない量でもよくて、作り方は同じです。野菜はじゃがいも、にんじん、れんこん、玉ねぎなど、肉と一緒に焼いておいしい野菜ならなんでもいいです。

最初に肉の下ごしらえです。室温に戻したかたまり肉に塩、こしょうを手のひらでゴシゴシこすりつけ、オリーブオイルを手ですり込みます。肉のところどころ（6か所ぐらい）にナイフで切り込みを入れ、にんにくのスライスを埋め込みます。

ふたつきの厚手鍋を中火のガス火にかけて、鍋全体を温めます。鍋が温まったらオリーブオイルをひきます。鍋底を覆うぐらいの量です。

豚肉を鍋に入れて、肉の表面を焼きつけます。おいしそうな焼き色がついたら、焼き目を上にしてふたをしてオーブンに入れるのですが、じつはこの料理、「どんなお肉を食べたいか」によって焼き時間が違うのです。

ナイフで切り分けて、1人分ずつをちゃんと肉の形でお皿に盛りたい場合は、170度ぐらいで2時間ロースト。切るとジュワッと肉汁が染み出すような、ジューシーな仕上がりです。

Q　鍋を火にかけて温めるのはなぜですか？

A　鍋がオーブンの中で温まるまでにすごく時間がかかるので、最初にガス火でから焼きしておくのです。

Q　ガス火でも作れませんか？

A　作れます。ふたをした鍋を弱い火に長時間かけておけば、オーブンで焼くのと同じことです。

ナイフで切れないほど、肉がとろんとろんに崩れるようなお肉が食べたければ、150度で3～4時間ロースト。肉はすーっと糸のようにほぐれて、脂身もとっくに溶け出し、どちらかというとさっぱりとした味です。焼く時間の長さによって、同じ豚肉がまるで違う味わいになるわけです。

野菜を入れるタイミング

2時間ローストの場合は、肉を1時間ぐらい焼いたところで、いったん鍋をオーブンから出して野菜を入れます。じゃがいも、にんじん、れんこんなどをゴロンと大きく切って。にんにくも1株丸ごと入れてみてください。ローリエやローズマリーの香りをつけたいときは、ハーブも野菜と一緒のタイミングで入れます。

玉ねぎは火の通りが早いので、焼き上がりの30分ほど前に入れます。つまり野菜にちょうどよく火が通る時間を逆算して、鍋に加えるのです。ですから3～4時間ローストの場合は、肉が焼き上がる1時間ほど前にじゃがいもやにんじんを加えます。

2時間ローストも、3～4時間ローストも、肉が焼き上がったら野菜は取り出して、肉の底になっていた面（しっとりしている）を上にします。そしてフタを開けたまま高温のオーブンで加熱し、肉の表面をカリカリに焼きます。このとき、無水鍋のふたや、フライパンに肉を移してオーブンで焼けば、さらに全面がカリッとします。

Q　1株丸ごとのにんにくは、どんなふうにして入れますか？

A　にんにくは上部を切り落として、皮つきのまま入れます。この状態でオーブンで焼くと、皮がするりとむけて、中のにんにくはトロトロになっている。これをソースのように豚肉につけて食べるのが、またおいしいのです。

焼き上がったら肉と野菜を大皿に盛りつけて、みんなで取り分けるスタイルで。好きな味つけで召し上がれ。何もつけずにそのままでいいという人もいれば、粗塩をふりたい人もいるでしょう。しょうゆをたらしていいし、うちではアリッサが人気です。調味料を何種類か出しておいて「ご自由に」というのがこの料理の気分です。

ビーフストロガノフ

やみつきのビーフストロガノフ

ビーフストロガノフが大好きです。といっても、これもまた〝わたくし流〟で、洋食屋さんで出てくるような料理とは、少し違うものです。

うちのビーフストロガノフは、肉は少なめで、野菜がたくさん入ります。そして、普通は生クリームの白っぽい色ですが、私はソースにパプリカパウダーやトマトを入れるので、ソースが赤っぽい色になります。じつは、このソースが食べたくてビーフストロガノフを作るようなところがあります。

パプリカパウダーをご存じでしょうか？　スーパーマーケットの香辛料コーナーに必ず並んでいる、パプリカ（赤いピーマンの一種）を原料とするスパイスです。オレンジがかった赤い色をしているけれど、辛みはほとんどなし。そして言葉では言い表せない、独特のうまみがあるのです。甘いような、酸っぱいような、渋いような、なんだか妙にクセになる味です。後を引くおいしさなのです。このパプリカパウダーが、わが家のビーフストロガノフの必需品です。

フライパンひとつでできる煮込み料理です

では、ビーフストロガノフを作りましょう。フライパンひとつでできる、意外なほど簡単な料理です。

牛肉は薄切りでも厚切りでも、棒状に切ったお肉でもいいです。お好みで選んでください。4人分で300〜500グラム、量もお好みです。食べやすく切って、塩、こしょう少々で下味をつけ、お酢をちょっとかけます。肉の下味に酸っぱい味をつけておくと、できあがりの味に深みが出ます。

玉ねぎ大1個を薄切りにします。生のパプリカ1個はヘタや種をとってひと口大に切ります。しいたけ大4個は軸をつけたまま、縦に8等分ぐらいに切ります。しいたけの代わりにマッシュルームでもいいです。

フライパンにバターをひいて、玉ねぎを炒めます。玉ねぎが透き通ってきたら牛肉を入れて、小麦粉を大さじ1杯ぐらいふりかけて炒め、生のパプリカも加えて炒めます。

赤ワインカップ1/2ぐらいを加えて、強めの火で煮立て、アルコール分を飛ばします。パッサータ（トマトの水煮の裏ごし）をワインの3倍ほど加えて、パプリカパウダー

Q　じゃがいもは下ゆでしなくていいですか？
A　細いフライドポテトを作るときは、下ゆではしません。下ゆでするとと崩れてしまうのです。拙著『レシピを見ないで作れるようになりましょう。』に書いた通り、くし形や輪切りなどの厚みのあるポテトの場合は、お湯で5分ゆでてから揚げます。

を大さじ2〜3杯入れます。塩少々を加えます。

やさしい火加減でしばらく煮ます。あまり浅い煮方ではなく、10〜15分煮込んだほうが全体がなじんでおいしいです。煮汁はトロッとした状態です。味をみて、塩でととのえたら、しいたけを入れて、やさしい火加減でさらに煮込みます。しいたけが煮えたら生クリーム1/4カップぐらいを加え、クリームがなじめばできあがり。

ビーフストロガノフにはバターライスがつきもの。炊きたてのご飯にバターをまぶして皿に盛り、ビーフストロガノフをかけて、サワークリームをのせます。サワークリームを溶かしながら召し上がってください。

これだけでもおいしいのですが、うちでは細いフライドポテトを添えることも。じゃがいもの皮をむき、スライサーで薄く切って、さらに細く細く切ります。水によくさらしてデンプンを取り、ペーパータオルで水気を拭いて、中温の揚げ油でひとつかみずつ揚げます。このシャリシャリのフライドポテトを、とろんとしたビーフストロガノフと一緒に食べるのが最高においしい。子どもたちが小さい頃、リース形に丸く盛りつけたフライドポテトと、ビーフストロガノフがクリスマスのごちそうでした。みんなが幸せな気持ちになれるごはんです。家でしか食べられない洋食です。

ビーフストロガノフを作りましょう。
切り落としのお肉で充分。
フライパンで煮るだけです。

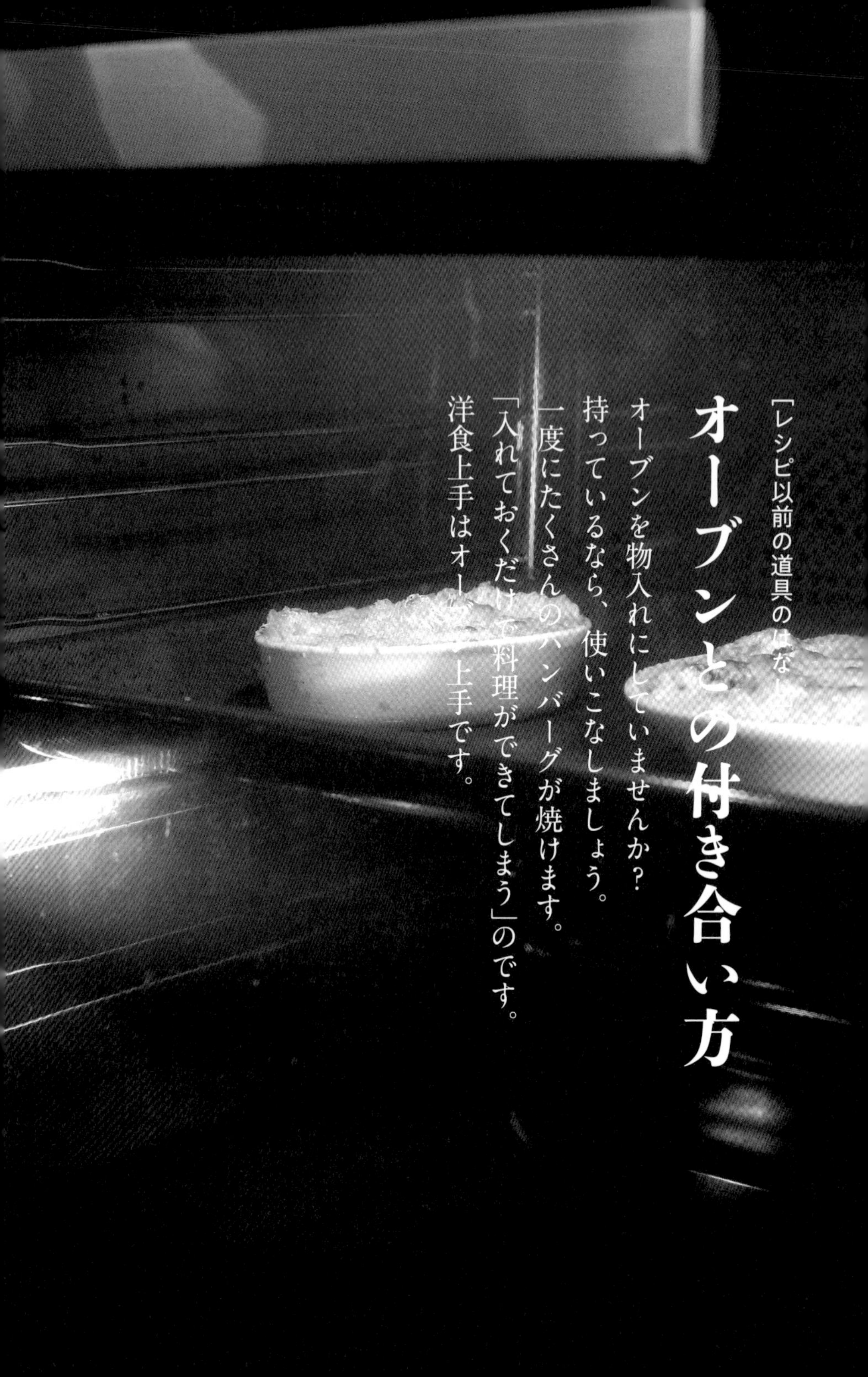

［レシピ以前の道具のはなし］

オーブンとの付き合い方

オーブンを物入れにしていませんか?
持っているなら、使いこなしましょう。
一度にたくさんのハンバーグが焼けます。
「入れておくだけで料理ができてしまう」のです。
洋食上手はオーブン上手です。

家にあるのはどんなオーブンですか？

Q オーブンを使うのが苦手です。

A まずは自分のオーブンを知ることです。

オーブンは機種や大きさなどによって、本当にまちまちです。レシピに「200度で15分焼く」と書いてあったとしても、オーブンによってはもっと時間がかかるかもしれないし、逆に早く焦げ目がついてしまったりする。ですから、まずは自分の持っているオーブンが、どんなオーブンなのかを知ることが大事です。

上火がきくオーブンなのか、下火だけのオーブンなのか。家のオーブンがどういった機能を持っているかご存じでしょうか？　取扱説明書をよく読んでみてください。食材にはすでに火が通っているけれど、グラタンの上だけに焦げ目をつけたい……なんていうときに、上火のきくオーブンは便利です。下火は切ってしまって、上火だけで焼いて焦げ目をつけることができます。でも上火がないオーブンでも、熱は上へと上がりますから、予熱をしっかりしておけば焦げ目をつけることはできます。

自分のオーブンの機能や性質を知れば、この料理をどのぐらいの温度でどれぐらいの時間焼けばいいか――がおのずとわかってきます。〝オーブンを飼いならす〟ことです。自分がオーブンの主人にならないと、せっかくある道具がもったいないです。

予熱のコツ

Q 予熱は必ず必要ですか？

A 必要です。予熱をしっかりしてください。

「豚かたまり肉と野菜のロースト」（116ページ）のような、長時間焼く低温調理以外は、必ず予熱をします。

冷たいオーブンに入れても、時間がかかるばかりで、おいしく焼けません。オーブンじたいが温まるまでに時間がかかり、低い温度でジュクジュクと火が通るから、素材から水分が出てきてしまったりする。それに中までしっかり焼くのに時間がかかるので、表面は焼きすぎてかたくなったりして、おいしくできないのです。
オーブンは「温かい箱」です。温かい箱の中に入れて火を通す、きわめてシンプルな道具です。オーブンを「温かい箱」にするために、予熱を必ずします。「２００度で15分焼く」料理ならば、私は２５０度ぐらいの高めの温度で予熱をします。なぜかというと、料理を入れるためにオーブンを開ければ、そこで一気に温度が下がるから。最初は高めに予熱をしておき、料理を入れたら希望の温度に設定する。これを習慣づけるだけでも、料理の出来栄えが違ってきます。

焼く温度、焼く時間について

Q
そのつどレシピを見ないと、焼く温度がわかりません。

A
だいたいの目安を知っておくといいです。

何を何度で焼けばいいのかは、おおよその目安があります。

肉や魚の料理は200度以上。200〜250度ぐらいの間です。

グラタンやハンバーグは200〜220度くらい。グラタンは、全体に火が通ったあと、上だけカリッとさせたいときは、250度以上の高温にして短時間で焼き上げます。機能があれば、下火を切って上火だけで焼いてもいいです。

野菜のローストは200度ぐらい。

お菓子は170〜180度。パイは200度以上です。

かたまり肉を低温でローストする場合は170度以下。ゆっくり時間をかけて焼きたいときは、140〜150度の低い温度にします。

長時間焼く低温調理以外は、必ず予熱をします。たとえばグラタンならば、250度ぐらいの高めの温度で予熱をしたところへ入れて、200〜220度で焼く。焼ける様子を見ていて、表面にこんがりと色がつき始めたら、中も焼けているかな、という感じです。

鶏肉も200〜230度で焼きますが、見ていると皮がプツプツいって、脂が庫内にはねたりする。そうなれば鶏の中の水分や脂が熱くなっている証拠ですから、火が通っているわけです。さらに表面をパリッとさせたいときは、温度を上げたり上火をきかせて、おいしそうな色に焼き上げます。

焼く温度や時間は、庫内の様子を見て決めるのがいちばんです。

もちろん経験的に「グラタンは200度以上で15分」という目安でタイマーをかけるわけですが、そのグラタンの中身が温かいのか、それとも焼く直前まで冷蔵庫に入れてあったのかによって、焼き時間や温度は変わってきます。庫内の様子をよく見て、中身がフツフツいっているのに、なかなか色がつかないようなときは、温度を上げるなど、調節しましょう。

とにかく、きちんと予熱したところへ入れて、おいしそうにジュージュー焼けていればいいのです。それが「適温」です。焼き色がついてくれれば、だいたい中まで火が通っています。それが「焼き時間」です。

オーブン料理は、1分、2分焼きすぎても大丈夫な世界。ゆっくりと火が通る道具だからです。そこが電子レンジとは違うところ。数字にとらわれず、自分の目と耳で感じて作ることも楽しんで調理しましょう。

お米の洋風料理

トマトご飯

136ページ

魚介のパエリア

145ページ

パルミジャーノのリゾット

153ページ

しいたけのリゾット

154ページ

トマトご飯

日本のお米で作りましょう

日本のお米はとびきりおいしいですよね。もっちりとして、みずみずしくて。そのおいしいお米で作る、パエリアやリゾットがおいしくないわけがないのです。

お米の洋風料理も、私は日本のお米を使い、日本のお米に合う作り方をしています。ですから西洋で食べるパエリアやリゾットとは別物かもしれませんが、日本の家庭で作って食べておいしければ、それがいちばん、と思うのです。

お米の洋風料理といっても、味が洋風になるだけのこと。たとえば、うちで「トマトご飯」と呼んでいる炊き込みご飯は、オリーブオイルやスープを使うから洋風の味になるだけで、作り方は和の炊き込みご飯とほとんど同じ。トマトだけの炊き込みご飯って、すごくおいしいんです。まずはこれを作ってみてください。

まずは、トマトご飯をどうぞ

トマトご飯の作り方です。生のトマトは水分が多くて炊き込みご飯には向きませんので、パッサータを使います。パッサータはトマトの水煮を裏ごししたもの。瓶詰などで売られていて、大きなスーパーマーケットへ行けば、たいてい手に入ります。値段も高くないので気楽に使えます。

Q　ご飯を炊くのは、どんな鍋がいいですか？

A　ふたの密閉度が高い厚手の鍋（無水鍋、土鍋など）がいいです。いろいろな鍋でご飯を炊いてみると、その鍋で何合炊くのがいちばんおいしいのか、経験的にわかってきます。そういうことが自分でわかると、料理をするのが、またさらに楽しくなります。

洋風のお米料理はお米を浸水させなくても炊けますが、私は5〜10分水に浸けてから使います。そのほうが、白米のおいしさを知っている日本人向きだと思います。米3カップを洗って浸水させ、ざるに上げておきます。

玉ねぎ1/2個、にんにく1かけをみじん切りにします。にんにくは風味づけなので、入れなくてもいいです。

ふたつきの鍋（直径18センチぐらいの鍋）を用意し、鍋底に流れるぐらいのオリーブオイルをひいて、玉ねぎとにんにくを弱めの火で炒めます。玉ねぎが透き通ってきたら米を入れて炒めます。洋風のお米料理は、最初にオイルで米を炒めるのが特徴です。炒めるときにオイルが足りないと感じたら足します。

米に透明感が出てきたら、パッサータを200ミリリットルぐらい加えます。そしてスープ（80ページ）を加えて、米がかぶるぐらいの水分量にします。

鍋でご飯を炊くときは、普通の白いご飯でもそうですが、米の体積の1割増しの水加減で炊きます。3カップの米だったら、3カップと60ミリリットルの水分です。トマトご飯はパッサータを入れて炊きますが、パッサータにも水分があります。なのでパッサータを入れたところへスープを足して、米の上に1センチ5ミリぐらい水分が来ている感じにします（鍋の大きさにもよるのであくまでも目安です）。

水分を加えたら、塩少々をふって木べらで混ぜます。そして、ここで必ず水分の味をみる。塩を足したり、こしょうをひいたりして、また味をみる。「少し甘みがほしい」と感じたら、ケチャップを大さじ1杯ほど加えます。「もうちょっとトマト味を濃くしたい」と感じたら、トマトペーストを小さじ1〜2杯加えます。全体を混ぜて水分の味をみて、「おいしい」と感じる味になったらふたをして炊きます。

最初は中火です。しばらくすると鍋の間から蒸気が漏れてきます。鍋の中が沸騰した証拠です。鍋中が沸騰したら弱火にして20分ほど炊く——これが鍋で炊くご飯の基本です。洋風でも和風でも一緒。

弱火で20分ほど炊いたら、火を止めてそのまま蒸らしてもいいのですが、私はお焦げを作ります。ふたをしたまま火を強火にする。耳を澄まして（鍋に耳を近づけて）、パチパチッといったら火を止める。ちょっと冒険かもしれないけれど、こうすると必ず、ほどよいお焦げができるのです。白いご飯でも、和の炊き込みご飯でも同じです。自分でお焦げを作るのは楽しいですよ。鍋でご飯を炊く醍醐味です。

火を止めたら、ふたをしたまま10分ほどおいて蒸らし、底からさっくり混ぜて器に盛ります。鍋底にお焦げが張り付いたとしても、ふたをしてしばらくおいておけば、蒸れて自然に取れるので大丈夫。このトマトご飯はそのまま食べてもいいし、好みでオリーブオイルやチーズをかけても。上に目玉焼き（21ページ）をのせてもいいですし、オムレツ（27ページ）の中身に入れればオムライスのできあがりです。

お米を透き通るまで炒めてから炊く。
すると、
パラッと仕上がります。

鍋でご飯を炊くのは楽しい。
最初は中火。
吹いてきたら弱火にして20分ほど。
最後に強火にして、
パチッと音がしたら火を止めれば
おいしいお焦げができます。

豪華にも、残り物整理にもなるパエリア

わが家では、パエリアはとても身近な料理です。パエリアはいろいろな具の入る洋風の炊き込みご飯で、大きなフライパンひとつでできて、そのまま食卓に出せばごちそう感があります。それに、野菜でも肉でも魚でも、パエリアにはどんな具を入れてもおいしくなるのです。

いろいろなものが少しずつ残っているようなときに、パエリアを作れば、一気においしく食べきることができて助かります。見た目が豪華なのでおもてなしにもぴったり。作り方を覚えておくと何かと重宝します。

パエリアといっても、わが家で作るのは、本場のスペイン料理のパエリアとはだいぶ違います。なので、これをパエリアといってよいかどうか……。これもまた〝日本のお米で作るとおいしい料理〟に勝手に変身させてしまいました。家で頻繁に作るからには、作るのがラクで、自分が本当においしいと思う料理がいちばんですから。

鍋と米と水分のこと

まず道具です。うちではふたのできる、直径30センチの鉄のフライパンで作ります。お持ちの大きなフライパンや、口径が広めの厚手鍋、無水鍋でも作れます。ふたはパ

エリア作りの必需品です。

米は3～4人分で1 1/2カップ、5～6人分で2 1/2カップぐらい。具がたくさん入る分、普通に炊くよりも少なめです。米は洗ってすぐにざるに上げます。または洗って5～10分ほど浸水させてから、ざるに上げておきます。

米を炊く水分には、野菜やチキンのスープストック（80ページ）を使います。スープがなければ水でもいいです。白ワインを少し入れることもありますが、なければ水でもスープでもいいです。

トマトご飯の項にも書きましたが、パエリアも、水分は米の1割増しの量です。2カップの米なら、2カップ強の水分。2カップ強の水分は、スープだけでもいいし、スープ＋ワインでもいいし、水だけでもいいし、スープ＋水でもかまいません。とにかくトータルで2カップ強の水分になればいいわけです。

Q　きのこなど、水気の出やすい具を入れるときは水分量を減らしたほうがいいですか？

A　水っぽい食材を入れるときは、米の1割増しの水分を加えてから、スプーンで少しすくい出すなどして、水分を減らして調整します。

パエリア作りの流れ

作り方の流れをご紹介します。

フライパンを温めて、鍋底を覆うぐらいにオリーブオイルをひき、玉ねぎとにんにくのみじん切りを炒めます。玉ねぎ、にんにくは味出しのための野菜です。セロリのみじん切りを一緒に炒めてもいいです。

玉ねぎが透明になってきたら、洗った米を入れて炒めます。そんなにシャカシャカとかき混ぜなくて大丈夫。米がくっつかないように、ときたま鍋底を木べらで掻くようにして炒めます。「なんだかお米が下に張り付いてきたな」と思ったら、オイルを少し足して炒めます。米が半透明になって、小さくパチパチというぐらいまで炒めましょう。

ここでいったん火を止めて、白ワインとスープ（あるいは水）を加えます。火を止めるのは、あわてないためです。あわてそうだったら、調理の途中で火を止めればいいのです。そうすれば失敗しない。私はいつもそうしています。

米がかぶるぐらいの水分（フライパンなど、口径の広い鍋なら、米の5ミリ上ぐらいまで）を入れると、だいたい米の1割増しの量になります。

火を止めたまま、味つけをします。塩、こしょうをふって、トマト味にしたければトマトペーストを入れても。カレー粉を加えてカレー味にしても、クミン、パプリカパウダーなどを加えてスパイシーにしてもおいしい。味見をして、「こういう味にしたい」と思う味つけにします。

次に火を止めたままで、魚介や野菜の具をのせます。そしてふたをして火をつけます。沸騰するまで、強めの火にかけます。

沸騰後は、ふたや鍋がオーブンに入れられる素材でしたら、220〜230度に予熱したオーブンに30分くらい入れます。ガス火で炊く場合は、沸騰後は弱火にして15〜18分炊きます。

炊き上がったら、ふたを取ってみましょう。見た目にはまだ水っぽくて、少しベタッとしている感じがします。でも、仕上げる頃にはちょうどよくなるので、それでいいのです。ご飯を食べてみて、ちょうどよければそれでよし。かなり芯があるように感じたら、さらに弱火にかけて数分煮ます。

パエリアはカリッとしたお焦げもおいしい。ですから私は炊き上がったら、鍋のふたを取ってさらに強火にかけます。オーブンに入れていた場合も、もう一度、ガス火にかけるわけです。

そして強めの火にかけて、ときどきフライパンを移動させ、鍋底のご飯が焦げるようにします。最初はミシミシという音だったのが、お焦げができるとパリパリという小さな音に変わります。そうしたら火を止めます。

再びふたをして、5分ほど蒸らせば完成です。好みでイタリアンパセリやディルなど、フレッシュなハーブを散らすと、香りも見た目もおしゃれになります。お好みでレモンを搾って召し上がれ。

Q　ベーコンは必ず入れたほうがいいですか？
A　ベーコンでなくても、豚でも鶏でも少し入れるといいです。海のものと山のものが混じり合う、特別なうまみがあります。

具だくさんの魚介のパエリア

では、実際に具を入れて作るときはどうなるのか。人が集まるときにもおすすめの、魚介のパエリアを例にご紹介しましょう。作り方や分量の目安にしてください。

米2 1/2カップに対して、具はベーコン30グラム、たこの足1本、あさり12個、殻つきのえび8尾、ミニトマト10個、黄パプリカ1個。

フライパンを温めて、まずは細かく切ったベーコンを炒めます。ベーコンは味出しの食材です。魚介からうまみが出るし、スープのうまみもあるけれど、さらにベーコンを加えることで、海のものと山のもののうまみが合わさり、ひときわおいしいパエリアになるのです。

ベーコンから脂が出るので、オイルは最初はひきません。よく炒めて脂が出てきたらオリーブオイルを足して、玉ねぎ大1/2個のみじん切り、にんにく2かけのみじん切り、セロリ約1本のみじん切りを炒めます。あまり強くない火で、玉ねぎが透き通るぐらいに炒めます。

米を加えて炒めます。足りなければオイルを足して炒め、パチパチという音がして、米が半透明になったら火を止めます。白ワイン大さじ2杯とスープを、米の上5ミリぐらいまで注ぎます。塩、こしょうをふり、スプーンで水分を混ぜて味見をします。

味が決まったら、スライスしたたこを散らし、食べやすく切った黄パプリカ、ヘタを取ったミニトマト、あさり、えびを上に並べます。

ふたをして強めの火にかけ、沸騰させます。煮立ったら200～220度に予熱したオーブンに入れて30分くらい焼きます。ガス火の場合は沸騰後、弱火にして15～18分加熱します。

ふたを開けて、強めのガス火にかけ、お焦げを作ります。パリパリという音がしたら火を止め、ふたをして5分ほど蒸らします。イタリアンパセリ（魚介のくさみを取ってくれるハーブです）のみじん切りを散らして食卓へ。みんなで取り分けていただくのが楽しいです。

いろいろなパエリア

パエリアの具はどんなものでもいいのです。本当になんでも合います。

鶏肉、豚肉、牛肉、ラム、ひき肉などの肉類は、食べやすく切って、塩、こしょうをまぶします。そして温めたフライパンにオイルをひき、肉は最初にカリッと焼きつけて取り出します。そうして肉のうまみの出たところへ、玉ねぎ、にんにく、セロリを入れて炒めるようにします。取り出した肉は、ほかの具材と一緒にお米の上にのせて炊きます。こうするとできあがりもきれいです。

そら豆とグリンピースのパエリア

魚介や野菜の具は、基本的にお米にのせて炊き上げればＯＫです。

タンパク質の具としては、ハム、ソーセージ、鯛などの白身魚、いわしなどの青背魚、あさり、はまぐり、えび、いか、たこ。

野菜は玉ねぎ、長ねぎ、ピーマン、パプリカ、ミニトマト（大きなトマトは水分が多いので不向きです）、いんげん、なす、ズッキーニ、アスパラガス、ブロッコリー、そら豆、グリンピース、セロリ、ほうれん草……どんな野菜を入れてもおいしいです。秋にはきのこを入れると、きのこからいい味が出ます。

具は何種類入れてもよし。いろいろな具を混ぜても、おいしくなってくれるのがパエリアの魅力です。魚介と肉を一緒に入れると味に深みが出ます。とくに豚肉とあさり、鶏肉とあさりの組み合わせはおいしいです。

野菜だけを具にしてもいいですよ。

春から初夏にかけて食べたくなるのは、そら豆とグリンピースのパエリア。最初に長ねぎのみじん切り（この場合は長ネギがおいしい）をオイルとバターで甘みが出るまで炒めて、洗った米を加え、薄皮までむいたそら豆、さやから出したグリンピース、パセリのみじん切りをのせます。

カレー粉か、クミンやコリアンダーパウダー、ターメリックなどのスパイスをふりかけ、スープを加え、塩、こしょうで調味してふたをして炊き上げます。このパエリ

夏野菜のパエリア

ほうれん草入りのパエリア

アは中東風のイメージ。仕上げに刻んだディルを散らし、プレーンヨーグルトをかけて食べるのが私は好きです。

なす、いんげん、ミニトマトで作る夏野菜のパエリアもおすすめです。なすは食べやすく切って、そのままお米にのせて炊いても火が通るけれど、ちょっと油気のあるほうがおいしいと思いませんか？　そこで私はなすと、半分の長さに切ったいんげんを先にオイルでカリッと炒めて取り出します。続いてミニトマトをにんにくと一緒に炒めて軽くつぶし（こうするとトマトのうまみがスープに出ます）、そこへお米を入れて炒めます。スープを注ぎ、先のなすといんげんをのせて炊き上げます。

ほうれん草入りのパエリアもおいしいです。ほうれん草はお米と一緒に煮るとクタクタになってしまうので、最後の最後に入れます。

たとえば豚肩ロース肉を食べやすい大きさに切って、にんにくなどと一緒に炒めます。ここに米を入れて、塩、こしょう、パプリカパウダーで調味し、スープを注いで炊き上げます。最後にガス火にかけて強火で焼き、お焦げを作ります。ここで、上下を返しながら、ほうれん草の葉先を混ぜ込みます。再びふたをして5分蒸らし、大きく上下を返せばできあがり。

パエリアは季節の具を入れて、一年中楽しめる料理。いろいろ作って、お好みのパエリアを見つけてください。

春は豆類、夏はなすやいんげん、
秋はきのこ。
パエリアは、旬の野菜で
〝季節を味わう〟料理でもあります。

リゾットは、
思い立ったときに作れる
手軽な料理です。
日本のお米ならではのおいしさを
堪能しましょう。

コシヒカリのリゾットは最高

リゾットはイタリアのお米料理で、あちらではイタリア米で作ります。でも、長年イタリア暮らしをしている（東京のほかイタリア中部にも家があります）私からすると、日本のおいしいお米で作るリゾット、とくにコシヒカリで作るリゾットが最高です。イタリア米と日本のお米は全然違う味なのです。

甘みのある、みずみずしい日本のお米が、スープやワインのうまみを吸ってぷっくりふくらんだ歯ごたえのよさ。一度食べるとやみつきになります。

しかもリゾットはすぐできる。米に長時間浸水させる必要がなく、野菜やチキンのスープストック（80ページ）があれば、急に人が来るようなときでも、夜遅く帰ったときのひとりごはんにもサッと作れる便利な料理です。

米、スープ、ワイン、バター、玉ねぎ少々、好みでパルミジャーノ。材料はこれだけ。本当に冷蔵庫にあるものだけでできるのです。

作り方も簡単。米1、ワイン1、スープ3。この割合だけ覚えておけばよし。1カップの米で作るとしたら、ワインが1カップ、スープが3カップです。

ワインは基本的に白ワインを使います。ワインの酸味が加わることで、リゾットに複雑なおいしさが生まれます。

Q　白ワインは必ず必要ですか？

A　苦手ならばワインは入れずに、最初からスープで煮てもいいのです。その場合は、米1、スープ4の割合で作ります。リゾットの酸味が気になる方も、ワインを控えめにしてください。

Q　米が鍋に張り付いてしまい、「あまりかき混ぜずに水分を蒸発させる」というのが難しいです。

A　ぐるぐるとかき混ぜるのではなく、「お米を鍋中で移動させる」感覚です。そのためには、底が平らの（丸くカーブしていない）木べらを使うのもポイントです。

リゾット作りの流れ

リゾットを作りましょう。

4人分で米1カップを洗って、あるいは5~10分浸水させて、ざるに上げておきます。玉ねぎ1/4個を粗みじんに切ります。

厚めの鍋（ふたのできるもの。小鍋でもフライパンでも可）を温めて、バター大さじ2杯ぐらいをひき、玉ねぎを弱火で炒めます。「玉ねぎの辛みがなくなって、甘みが出てきたな」と感じるぐらいに、じっくりゆっくり弱火で炒めます。

ここへ米を入れます。軽く混ぜて弱火で米をじっくり炒め、米が少し透き通ってきたら白ワインを加えます。先にお話しした通り、白ワインは米と同量の1カップです。見た目で言えば、ヒタヒタよりも少し少ないぐらいでしょうか。

ワインを入れたら、水分とアルコール分を蒸発させたいので、中火ぐらいの火加減にします。軽く混ぜて水分がなくなるまで煮たら、スープを1カップ入れ（1回目のスープ）、サッと混ぜて煮ます。そしてまた水分がなくなったら、スープを1カップ入れ（2回目のスープ）、サッと混ぜて煮ます。水分を加えては、それを米に吸わせると同時に蒸発させる——を繰り返すわけです。

日本のお米は粘り気があるので、かき混ぜないことが肝心。でもお米が鍋底に張り

Q　塩は入れませんか？

A　有塩バターを使う場合は、バターとパルミジャーノの塩分だけで足りると思います。無塩バターを使うときや、味見をして物足りなければ、もちろん途中で塩を加えて好みの味にしてください。

Q　パルミジャーノとは？

A　「パルミジャーノ・レッジアーノ」が正式名称。イタリアのハードタイプのチーズです。パルミジャーノはできればブロックを買って、食べる直前にすりおろして使うのがおすすめ。風味がまるで違います。

パルミジャーノのリゾット

付くので、米を木べらで移動させながら水分を蒸発させる感覚です。弱い火でフツフツと煮るというよりは、中火ぐらいの火加減でサッサと煮るイメージです。

2回目のスープの水分がなくなったら、3回目のスープを1カップ加えます。3回目のスープのときだけはふたをし、小さな火にして10分煮ます。

ふたを開けて火を止め、好みでパルミジャーノやバターを加えて軽く混ぜます。リゾットをお皿に盛ったときに、盛った形のまま崩れなければちょうどよくできた証拠。ダラッとのびてしまうのは水分が多すぎで、煮詰め方が足りないのです。

具の入れどきについて

リゾットはお米を味わう料理なので、具は1種類ぐらいにしてシンプルに食べるのがおすすめです。

いちばんシンプルで私も好きなのが、パルミジャーノのリゾット。基本の作り方でリゾットを作り、ふたを開けて仕上げるときに、すりおろしたパルミジャーノをふわっとひとつかみ入れます。お好きならばバターも加えて、サッと混ぜるだけ。おいしいリゾットを食べたいなら、パルミジャーノやバターは惜しみなく使ったほうがいいです。お皿に盛って、さらにパルミジャーノをふりかければ、とてもリッチな味わいに。

しいたけのリゾット

しいたけのリゾットもすばらしくおいしいです。1人分2個ぐらいのしいたけを小さめにコロコロに切るか、薄切りにします。かたい根元は落としますが、しいたけは軸がおいしいので、私は軸をつけたまま縦に切ります。

基本の作り方でリゾットを作り、3回目のスープを入れるタイミングでしいたけも加え、ふたをして弱火で10分煮ます。きのこにはクリームが合うので、ふたを開けたときに生クリームとパルミジャーノを加え、ちょっと火を入れて、さっくり混ぜればできあがり。生クリームの量はお好みですが、米1カップで作ったリゾットならば、カップ1/3ぐらいでしょうか。

リゾットに具を入れるときは、火の通りを考えて、よいタイミングで鍋に加えればいいのです。しいたけは10分ぐらいで火が通るので、3回目のスープのときに加えます。もっと火の通りが悪いものを入れるときは、2回目のスープのあたりで加えます。

そら豆のリゾット

そら豆のリゾットは、下ゆでしたそら豆を、仕上げの1分前ぐらいにふたを開けて混ぜればよし。トレヴィス（苦みのある野菜。これがリゾットによく合います。白ワインを赤ワインに替えて作ると美味）などの葉野菜を入れるときは、歯ごたえも楽しみたいので、最後の最後に加えてサッと混ぜます。

米1、ワイン1、スープ3。
3回目のスープを加えたら
ふたをして弱火で10分。
リゾットで覚えておくのはこれだけです。

サンドイッチ

卵サンド、ツナサンド

160ページ

BLTのホットサンド

166ページ

卵サンド
ツナサンド

定番の卵サンドとツナサンド

サンドイッチも昔はいろいろなタイプを作ってみました。とくに子育てをしているときは、いろんな具をはさんでみたり、食べやすい形を工夫したり、楽しみながらサンドイッチ作りをしていた感じです。

そのうち次第に〝わが家の定番〟が決まっていきました。家族はもちろん、うちで食べる人がみんな「おいしい」「どうやって作ったのですか?」と言ってくれるので、自然に定番化していったのです。

その代表が、卵サンドとツナサンドです。

こう聞くと「なーんだ」と思うでしょう? そう、とくに変わったサンドイッチではないのです。でも、やっぱりこれがおいしい。

うちでは卵とツナで、それぞれのペーストを作るのです。子どもたちが小さな頃はいつも、これらのペーストが冷蔵庫に入っていました。あればいつでもサンドイッチが作れるし、朝、子どもたちが勝手にトーストにのせて食べたりもできますから。パンのための常備菜みたいなものです。

2~3日は冷蔵庫でもつので、ペーストはたっぷり作ります。なのに、みんなが大好きなので、すぐに売り切れになってしまう。だから、せっせと作っていました。

基本のペーストの作り方

卵ペーストもツナペーストも、玉ねぎがたっぷり入るのがわが家流です。

玉ねぎはみじん切りにして塩でもみ、水にさらして辛みや苦みを取ってから使います。さらし玉ねぎの手順を億劫がらないことです。きちんとさらせば、玉ねぎの辛みが薄らぎ、甘みが引き立って、歯ざわりもよくなります。玉ねぎの余分な水分を出してしまうことで、作りおいたペーストに水気が出ることもないのです。それに、さらし玉ねぎにするとカサが減るので、ペーストにたくさん入れられます。

さらし玉ねぎの私のやり方です。

ボウルに水を入れてひと回り小さなざるを重ね、その上にさらしのふきんを広げます。中にみじん切りにした玉ねぎを入れて、ふきんごと持ち上げて塩をひとつまみふり、口を手で絞って、ふきんの上から玉ねぎを軽くもみます。水の中でもみ洗いします。玉ねぎからぬめりが出ますので、水を何回か取り替えて玉ねぎをもみます。最後はふきんごとギュッと絞って、水気をしっかり切ります。

たくさん作るとき、私はフードプロセッサーで玉ねぎをみじん切りにすることもあります。その場合は一緒に塩も加えて攪拌し、みじんになった玉ねぎをさらしに包んで、水の中でもみ洗いします。

では、卵ペーストを作りましょう。作りやすい分量でご紹介します。

卵ペーストは卵5個を固ゆでにして、黄身と白身に分けます。わが家ではこのうち2個分の白身を取りよけて（使用せずに）、黄身が多めの黄色い濃厚なフィリングにします。黄身はフォークなどでつぶし、白身は包丁で細かくきざみます。一緒くたにつぶすよりも、黄身と白身を分けるひと手間でグンと口当たりがよくなります。

ボウルに卵と、みじん切りのさらし玉ねぎ大1/2個分、マヨネーズ大さじ1杯ぐらい、塩少々を入れて混ぜます。これで卵ペーストの完成です。

ツナペーストはまず、どんなツナ缶を選ぶかが大事。すでに細かくほぐしてあるフレークタイプは油が多く、味わいもいまひとつ。フレークタイプは安価なようでいて、実際には油を切って使うので、ツナじたいの量が少なくなってしまいます。

「ソリッド」と表示されている、かたまり肉のまま缶詰にされたもののほうが、味もよいし、結局はお得だと思います。

ノンオイルのツナ缶もありますが、オイルを使わない分、すでに味つけなどの加工がされているので、おすすめではありません。オーソドックスなオイル漬けで、できるだけ品質のよいツナ缶がいいのです。国産のよいツナ缶が手に入りにくいときは、私は輸入食品を扱うスーパーで、イタリア産やスペイン産などの瓶詰のツナを求めることもあります。

Q　マヨネーズも自分で作ったほうがいいですか？
A　マヨネーズはぜひ自家製で。混じり気なしのフレッシュなおいしさを味わえます。卵1個に対して、ワインビネガー大さじ1、塩小さじ2/3〜1をミキサーに入れて、攪拌しながらオリーブオイルをカップ1杯ぐらい加えます。トロリと重たくなってミキサーが回らなくなれば、マヨネーズの完成です。

ツナペーストの作り方です。

ツナ缶大1缶（小2缶）のオイルをよく切ってボウルに入れ、ツナを細かくほぐします。もっとなめらかにしたければ、ツナをフードプロセッサーに軽くかけてもいいです。ツナ、みじん切りのさらし玉ねぎ大1/2個分（中1個）、マヨネーズ大さじ1杯ぐらい、塩、こしょう少々を混ぜます。これでできあがり。

サンドイッチの楽しみ方

卵ペースト、ツナペーストさえあれば、サンドイッチ作りは簡単です。

パンは白いやわらかい食パンを使います。サンドイッチ用として売られているものです。ペーストにマヨネーズが入っているので、バターは塗りません。

パンを並べて、1種類のペーストをこんもりとのせ、パン全体に均一な厚さになるようにのばします。真ん中ばかりが厚くならないように、ペーストを隅々にまでのばしてください。

このとき、こんもり盛ったペーストが崩れてしまうようでは、ペーストがゆるすぎです。マヨネーズの量が多すぎる。マヨネーズは適量にするのがコツです。

ペーストを塗ったパンに、何も塗っていないパンをかぶせます。これを2セットずつ重ねてラップでぴっちり包みます。ラップで包むことで圧力をかけて、パンとペーストを密着させるわけです。

10分以上おいてラップをはずし、パンの耳を切り落として、食べやすい大きさに切ります。これでサンドイッチのできあがりです。

卵サンドもツナサンドも、これだけでもおいしいです。さらに、ペーストを塗ったところへ、ほかの具をはさんでもおいしいです。おすすめは塩もみ野菜です。

きゅうり、セロリ、にんじんなどの野菜をせん切りにして、塩少々をふってしばらくおき、水気を絞ります。これをペーストを塗ったサンドイッチにはさんで食べてみてください。みずみずしさが口の中に広がって、たまらないおいしさです。

野菜は1種類でも、数種類を混ぜてもよし。私はピーマンや大根やラディッシュも塩もみして、サンドイッチにはさんだりもします。大根も意外に合うのです。

卵サンド、ツナサンドに、ハムやレタスやチーズをはさんでもいいです。そうした具と、塩もみ野菜を数種類と、卵ペーストとツナペーストをそれぞれ器に盛って食卓に並べ、パンを積み重ねて「はい、好きに食べてね」ということも昔はよくしました。子どもがいる家や、朝やお昼に友達が集まるようなときに、こんな演出も楽しいものです。

玉ねぎをたくさん入れた
卵ペースト、
ツナペーストを作っておけば、
忙しい朝やおやつどきに助かります。

BLTのホットサンド

ベーコン、レタス、トマトをはさんだサンドイッチを、英語名の頭文字をとって「BLT」と呼びますが、この組み合わせはやっぱり絶妙です。

私はこれをホットサンドで作るのが好きです。

パンは、フワフワのやわらかい食パンではなく、トーストしてかじったときにしっかりと弾力があり、香ばしさが鼻に抜けるような食パンがいいです。1斤を7切れ程度の厚さに切ります。

ベーコンは薄切りを使います。パンから少しはみ出るぐらいの、ちょっと大きいベーコンが理想です。1人分で2枚でも3枚でもいいです。ベーコンは〝うまみの具〟なので、ベーコンがおいしくなければ、このサンドイッチは食べる意味がないくらい。よいベーコンを手に入れてください。ナチュラルな味わいのベーコンがいいです。

レタスはパンの大きさにちぎったものを、1人分で2〜3枚。冷水に浸けてパリッとさせ、ペーパーで水気を拭きます。トマトは1センチ厚さ程度の輪切りにします。大きいトマトなら、1人分で2枚程度でしょうか。

味のアクセントとして、玉ねぎの辛みを少し加えましょう。玉ねぎは皮をむいて輪っかにスライスします。1人分でスライス1〜2枚。玉ねぎが辛すぎるときは、塩水

Q　オーブンでもトーストできるのですか？
A　もちろん。食パンでも、スライスしたバゲットでも、カリッとさせたいときはお持ちのオーブンで焼いてみてください。「高温で短時間」焼くのがおいしいです。マックスの温度に予熱したところへパンを入れて、サッと焼きます。

にしばらく浸けてから水気を拭いて使います。具は以上です。

フライパンをから焼きしてベーコンを入れ、中ぐらいの火で焼きます。カリッとして、脂がにじみ出てくるぐらいまで焼きます。と同時に、食パンをトーストします。トーストは高温のトースターやオーブンに入れて、短時間で焼くのがパリッと焼き上げるコツです。おいしいタイミングを逃したくないので、ベーコンを焼くのとパンをトーストするのを、ほぼ同時に行いたいわけです。

パンが焼けたらナイフで厚みに切り込みを入れて、2枚に開きます。完全に切ってしまわず、一辺の耳のあたりはくっつけたままのブック型にするのです。こうすると具がこぼれ落ちにくくて、食べやすいでしょう？

トーストの切り口を開いて、ベーコンをはさみます。このとき、フライパンのおいしい脂も、ジュッとパンにかけて染み込ませます。レタス、トマト、玉ねぎをはさんでパンを閉じ、食べにくければ縦半分に切ります。

このサンドイッチはぜひ、アツアツを召し上がってください。「これはもう、完璧な組み合わせですね」と唸った人がいましたが、本当にその通り。ベーコンの塩気が弱いときは塩をふってもいいですが、たいていは脂も含めたベーコンの塩分やうまみだけで十二分においしい。塩もバターも、もちろんマヨネーズも不要です。

ＢＬＴはサンドイッチの王道ですが、意外な具のサンドイッチもじつはおいしいのです。

たとえば海苔。海苔とバターはすごく合います。食パンにバターをしっかり塗って、海苔と好みのチーズをのせてサンドイッチにします。チーズの代わりにちりめんじゃこを散らすのもおすすめです。

意外なところでは、ぬか漬けのサンドイッチもおいしいですよ。なす、きゅうり、みょうが、セロリなどの古漬けを薄く切り、水で洗って水気をぎゅっと絞ります。これとゴーダチーズをはさんだものは、ひねた白ワインとてもよく合います。大人向けのおしゃれなサンドイッチです。

量らずに作るおやつ

おやつを作りましょう

おやつは思い立ったときに、すぐにできるもの。人が来る前にちょっとの時間があれば、私は粉をふるい始めて、スコーンやパンケーキをサッと作ります。そして、いらっしゃるタイミングでオーブンから出し、焼きたてのアツアツにジャムやサワークリームなどを添えてお出しします。

「えっ、もしかして、このお菓子は手作りですか？」といつも驚かれます。そしてとても喜ばれるし、作り方を聞かれたりもする。「簡単ですよ。粉と水分を混ぜて焼いただけ。だから、うちのはお菓子じゃなくて、おやつなの」って。

今は凝ったすばらしいお菓子を手軽に買えたり、取り寄せもできます。だからかえって、家で作るなら素朴なおやつがいい。形が少々悪くても、手作りのおやつには特別なおいしさがあります。だから喜ばれるのだと思います。

昔から料理を作る合間に、子どもたちにおやつを作っていました。〝おやつ〟は、食事の用意をしながらでも作れる、簡単なものにかぎります。いつも台所にある材料で作れることも〝おやつ〟の条件です。わざわざ計量をしなくても、もちろんレシピを見なくても、サッと作れるのが〝おやつ〟なのです。

うちで人気のおやつをご紹介します。

Q　粉と水分を混ぜるときにダマになってしまいます。
A　入れる順序のせいかもしれません。水分の中に粉類を入れるのではなく、粉類の中に水分を少しずつ入れたほうがダマになりにくいです。

何枚も重ねた小さなパンケーキ

はるか昔のことですが、朝ごはんの有名なサンフランシスコの店で、何枚も重ねて層になった小さな丸いパンケーキと出会いました。迫力があるのにかわいらしくて、とても食べやすいのです。自分で作ってみると、小さなパンケーキは早く焼けるうえに、ひっくり返すのもラク。以来、わが家の定番となりました。

今も娘たちの家で「朝ごはんのパンが足りない！」なんていうときに、「じゃ、パンケーキを焼きましょう」ということになります。台所にいつもある材料で作れるので、それこそ思い立ったらすぐにできます。

小麦粉（薄力粉）1カップに対して、ベーキングパウダーを小さじ1。この割合を覚えておくと、粉もののおやつを気楽に作れるようになります。小麦粉とベーキングパウダーを合わせて、ボウルにふるい入れます（やり方について詳しくは177ページへ）。それからグラニュー糖を大さじ1〜2。

次に粉類に加える水分ですが、粉類が1カップだとしたら、計量カップに卵1個を溶きほぐし、牛乳を加えて1カップ弱にします。粉類よりもやや少なめの水分が目安です。粉類に、卵＋牛乳を少しずつ加え、そのつど泡立て器で混ぜ合わせます。すべて混ぜたら15分ほど生地を寝かせます。どうして生地を寝かせるかというと、粉の中に水分をしっかり浸透させるためです。

鉄のフライパンを中火弱の火にかけて、ゆっくりとから焼きして温めます。オリーブオイルを鍋底全体になじむぐらいにひきます。オイルが多すぎたらボウルなどにあけるか、ペーパーで余分を拭き取ります。

生地をお玉に半分ぐらいすくって落とします。このとき、お玉を左右に動かさず、なるべく一点から生地をフライパンに落とすようにすると、丸い形に整いやすいです。直径26センチぐらいのフライパンなら、3〜4枚を同時に焼いて大丈夫。

パンケーキは〝強すぎず弱すぎない火〟で、あまり時間をかけずに焼きます。生地を流して一呼吸したら、表面がフツッというぐらいの火加減です。フツフツいって上が乾いてきたら、ひっくり返し、裏面もうっすらと焼き色がついたら、お皿にあけます。空いたフライパンで次々に焼いていきます。鍋底が乾いてきたらオイルをそのつど足して、ペーパーでなじませて焼いてください。

パンケーキがすべて焼き上がったら、お皿に積み上げて食卓へ。バター、メープルシロップ、おいしいジャムなどを並べて、あとはみんなに好きに食べてもらいましょう。こんな朝は子どもたちが必ず言うのです、「パンがなくてよかったね」と。もちろん、3時のおやつにもぴったりです。

Q　焼いても白っぽいままで、こんがり焼けません。
A　生地に砂糖を入れましたか?　砂糖は甘みをつけるというよりも、おいしそうな焼き色をつけるためのもの。砂糖が入らないと、白っぽい焼き上がりになります。

Q　フライパンの中で生地どうしがくっついてしまったときは?
A　あわててはがそうとしないこと。生地が少し固まってきたら、ヘラなどで分ければきれいにはがせます。

パンケーキ

171ページ

かたくなったパンで作るフレンチトースト

バゲットなどのフランスパンを食べきれず、かたくしてしまうことがあります。そんなときこそ、おいしいフレンチトーストが食べられるチャンス！と、一度味わった人ならだれもが思う作り方をご紹介しましょう。とろけるような、リッチなフレンチトーストです。

バゲットやドゥミパリジャン（少し太めのバゲット）などを使います。やわらかいパンでも作れますが、カチンカチンになっても作れます。むしろ卵液をたっぷり吸っておいしくできます。吸い込ませるのに少し時間はかかりますが。

フランスパンを5センチほどの厚い輪切りにして、バットに並べます。

卵液を作ります。バゲット1本に対して卵3個（もっと多くてもいいです）をボウルに溶きほぐし、牛乳カップ3ぐらい、グラニュー糖大さじ1ぐらいを混ぜます。

卵液をパンを並べたバットに注ぎます。パンの高さの半分ぐらいまで、卵液がくればOK。しばらくおいて、パンの下側が卵液を吸ってブワブワになったら、ひっくり返します。ときどき上下を返して、卵液をパンによく吸わせるのがコツです。そして、この状態で冷蔵庫に一晩入れておきます。

ここまでしておけば、あとは食べる直前にオーブンで焼くだけです。

これがパン!?　みんな驚くリッチなデザート

一晩おくとパンが卵液をすっかり吸って、バットに卵液が残っていない状態だと思います。かたくなったパンほど、卵液をおもしろいほどよく吸うのです。

食べる直前に、オーブンを190度に予熱します。お菓子はたいてい170度ぐらいのオーブンで焼くので、フレンチトーストも同じ。そう覚えておけば、予熱や焼く温度で迷わずにすみます。

卵液に浸けたパンをバットから耐熱容器に移すか、高温に耐えられるバット（私が使っているラバーゼのバットは可能）ならばそのままで、予熱したオーブンに入れ、170度で20分ほど焼きます。パンが大きければ、もう少し焼き時間がかかります。

アツアツをお皿に取り分けます。アツアツの溶かしバターをたっぷりかけて、熱くしたメープルシロップ、季節のくだものを添えて召し上がってください。「まるでプリンみたいですね！」と、これを食べるとみんなの顔がほころびます。卵液をたっぷり吸ったパンは、もはや朝食のパンとは別物。夢のようなおいしさのデザートなのです。こんなフレンチトーストは、家でしか食べられません。

ちなみに溶かしバターは、おいしい有塩バターを鍋に入れて、やさしい火加減で溶かして作ります。

フレンチトースト

174ページ

スコーンを作る準備

スコーンも、簡単に作れるおやつです。

1カップの小麦粉（薄力粉）で、大きいスコーンが2つ作れます。見た目にボリュームがありますが、サクッとして軽く、3時に食べても夕食に響かないのでご安心ください。

小麦粉1カップに対して、ベーキングパウダー小さじ1。先にも書きましたが、この割合さえ覚えておけば、粉のおやつはスケールで計量しなくても作れます。

「さあ、おやつを作りましょう」というとき、私は次のようなセットを作ります。中サイズのボウルに小サイズのざるを重ねる。計量カップ1杯の小麦粉をざるの中に入れる。小さじ1杯のベーキングパウダーも入れる。169ページの写真がこれです。粉もののおやつを作るときの、はじまりの風景です。

小ざるの中で小麦粉とベーキングパウダーを混ぜます。次にざるを左右に動かして、粉類をボウルの中にふるい入れます。こうすると粉があちこちに飛び散らず、仕事の効率がすごくいいのです。

カップ2杯以上の小麦粉を使うときは、大ボウルと中ボウルに、ボウルの大きさをワンサイズアップして、同じように粉をふるえばよいのです。

生地はこねすぎないこと

ボウルに粉をふるい入れたら、グラニュー糖を加えます。約1カップの粉類に対して、小さじ2〜3（大さじ1くらい）。砂糖は味的には入れなくてもいいのですが、砂糖を入れることでこんがりと焼き色がつく。だから加えます。

スコーンはバターが入ることで、サクッとした食感になります。加えるのは冷たいバターです。量はお好みです。たくさん入れてもいいし、大さじ1〜2（20〜30グラムくらい）でもいいです。

バターをキャラメルぐらいの大きさに切って、ボウルの中に入れます。そして指先で粉類とバターをすり混ぜます。粉とバターが混ざってサラサラになり、全体があずき粒ぐらいの小さなかたまりになるまで、指先で混ぜてください。

全体がだいたい粒になったら、水分を加えて生地をまとめます。水分はなんでもいいです。牛乳でも水でもヨーグルトでも卵でも、それらを混ぜたものでも。本当になんでもOKです。生地がまとまればいいのです。ちなみに私はヨーグルトが好み。酸味がおいしいです。

約1カップの粉類に対して、水分は大さじ3杯ぐらいでしょうか。粉がなんとなくひとつにまとまる程度の量の水分を加えます。水分を加えながら、ひとつにまとめて

Q　フードプロセッサーで生地をまとめてもいいですか。

A　おすすめです。フードプロセッサーがいいのは、粉をふるう必要がなく、こねないで、文字通り「刃で切るように」混ぜられるから。小麦粉、ベーキングパウダー、砂糖をフードプロセッサーに入れて、パルスで2〜3回撹拌。バターを加えて、パルスで6〜7回撹拌。ヨーグルトを加えて、パルスで3〜4回撹拌。ここまで混ぜたら台に取り出して手でまとめ、ラップをかけて寝かせます。

Q　大きなスコーン2つではなく、小さくして数を増やしてもいいでしょうか?
A　お好みで数を増やしてもいいです。でも、大きいほうがおいしいと私は思います。

いきます。ここで大事なのはこねないこと。ボウルのまわりからゴムベラを入れ、生地を返すようにして、ゴムベラで切ることを繰り返しながら生地をまとめます。

全体がしっとりとして、「握ったらまとまっているくらい」になればよし。「なんとなくまとまる」という状態は、きっとみなさんが思っているよりもかためだと思います。まだ少し粉っぽさが残っているような状態です。

ひとつにまとめたら、ラップで包み、冷蔵庫に30分ほど入れて生地を寝かせます。

スコーンのサクッとした層の作り方

寝かせた生地を取り出して、スコーンを形作ります。

打ち粉をした台の上に生地をのせます。手のひらで軽くつぶして平べったくし、スケッパーで半分に切り分けます。半分に分けた生地を重ねて、手のひらで押して軽くつぶし、再びひとかたまりにします。生地をまわしながら、両手のひらで側面をトントンとたたいて丸く整えます。

またスケッパーで半分に切ります。生地が2つに分かれました。

ひとつの生地の側面を両手でトントンとたたき、生地をまわして軽くたたき、上からも手のひらでトントンとたたく――。これを繰り返して、低い円柱の形（スコーンの形）にします。

円柱の形にした生地を、スケッパーで半分に切って重ねます。上から軽く押して生地をまとめ、両手でトントンと側面をたたいてスコーンの形にします。こうして生地を「何度も重ねる」ことで、生地に層ができると同時に、ポソッとしたスコーン特有の食感が生まれるのです。

もうひとつの生地も同様にして、スコーンの形にまとめます。まとめるときにベタつくようならば手粉をし、ベタッという感じがしないように、むしろ少し粉っぽい感じに仕上げます。以上、生地のまとめ方を詳しく書きましたが、慣れてしまえば、ものの5分の仕事です。

オーブンペーパーを敷いた天板にのせ、190度に予熱したオーブンに入れ、170度に落として15分ほど焼きます。生地のバターの量が多いと、焼いている間にバターがにじみ出てくることがあります。その場合は温度を少し上げるなど、様子を見て温度を調節しながら焼きます。小さいスコーンなら10分ほどで焼き上がります。

焼きたてのサクッとしたスコーンを手で割って、お皿に盛ります。自家製のいちごジャムやサワークリームを添えて召し上がれ。

ちなみにいちごジャムは、私は1パック分のいちごで簡単に作ります。

春に出まわる小粒のかわいらしいいちごは、中まで赤いのです。この小粒のいちごを、形が残るように軽く煮たジャムはおいしい。ジャムは大量に作ろうとすると大仕

スコーン

177ページ

事ですが、１パックなら手軽に作れるし、フレッシュなうちに食べきれるのがいいのです。

いちごのヘタを取り、丸のままボウルに入れて、グラニュー糖をいちごの量の半分より少なめに入れます（たとえばいちごが300グラムなら、グラニュー糖は150グラム以下）。レモン汁たっぷり（1/2〜1個分）を加えて混ぜます。そのまま30分〜1時間、水分が出てくるまでおきます。

これを鍋に移して火にかけて、煮立ってきたらアクを取り、いちごを少しつぶして、好みの煮詰まり方になるまで弱めの中火で煮ます。これでジャムのできあがり。簡単でしょう？　おやつどきはもちろん、朝食のパンにもあるとうれしいジャムです。

お菓子作りも洋食も、作ることじたいが楽しいのです。楽しんで作れば必ず上手になるし、暮らしが豊かになることうけあいです。

索引

50音順

[おかず]

[スープ・シチュー]

[ご飯・パン]

[おやつ]

有元葉子　ありもと・ようこ

3人の娘を育てた専業主婦時代に、家族のために作る料理が評判となり、料理家の道へ。素材を活かしたシンプルでおいしい料理だけではなく、洗練された暮らしぶりや、軽やかに人生を楽しむ生き方が世代を超えて熱い支持を集めている。メーカーと共同開発するキッチン用品「ラバーゼ」のシリーズは使いやすさと機能美を追求し、ファンが多い。イタリア中部にも家を構え、現地の家庭料理にも詳しい。著書に『レシピを見ないで作れるようになりましょう。』『ごはんのきほん　レシピを見ないで作れるようになりましょう。』（ともにSBクリエイティブ）、『私の住まい考　家と暮らしのこと』（平凡社）、『使いきる。有元葉子の整理術　衣・食・住・からだ・頭』（講談社）など多数。

https://www.arimotoyoko.com/

ブックデザイン　若山嘉代子　L'espace

撮影　三木麻奈

構成　白江亜古

編集担当　八木麻里

＊本書をお読みいただき、ありがとうございます。ぜひ、レシピを見ないで作ることにチャレンジし、その体験談を、SNSにハッシュタグ「#レシピを見ないで作れるようになりましょう」をつけてご投稿ください。有元葉子、編集スタッフ共々、お待ちしております。

ふだんの洋食《ようしょく》
レシピを見《み》ないで
作《つく》れるようになりましょう。

2019年4月25日　初版第1刷発行

著者　有元葉子
発行者　小川　淳
発行所　SBクリエイティブ株式会社
〒106-0032
東京都港区六本木2-4-5
電話　03-5549-1201（営業部）

印刷・製本　萩原印刷株式会社

落丁本、乱丁本は小社営業部にてお取り替えいたします。
定価はカバーに記載されております。
本書の内容に関するご質問等は、小社学芸書籍編集部まで書面にてお願いいたします。

ISBN978-4-7973-9905-9